생태 위기 시대에

노자
읽기

생태 위기 시대에

노자 읽기

· 김영 지음 ·

청아출판사

생명의 길로 가는 바른길

송경용_성공회 신부

세상이 혼란스럽고 마음이 흔들릴 때면《성경》과 더불어《노자》
를 읽었다. 산동네 가장 가난한 교회당에서 세례자 학습을《도덕
경》으로 한 적도 있다. 교수이든, 의사이든, 일용직 노동자이든, 노
숙인이든 신분과 직업, 교육 수준과 관계없이 함께 읽었다.《도덕
경》은 누구에게나 저마다의 모습으로 스며들었다. 스무 살이 되기
전부터 지금까지, 45년을《노자》는 언제나 내 책상 가운데에 놓여
있다. 노자는 언제나 세상을 읽고 나 자신을 곧추세우는 나침반이
고 기준이었다. "공성이불거功成而不居"와 "상선약수上善若水"를 읽
으며 욕망을 다스리고 절망을 딛고 새롭게 나아갈 힘을 얻었다.

'도道'를 생각하면서 깨달음을 나누고 설파한 예수와 프랜시스,
부처의 걸음을 생각했고, 길 위의 교회 '걷는교회'를 설립했다. 노
자의 도道, 도덕경은 교훈적인 명사의 집합이 아니라 끊임없이 움
직이는 동사라고 생각한다. 길 위에서 부활한 예수를 만난 제자들
처럼 길 위에서 만나고 득할 수 있는 경지라고 생각한다. 소유와 기
득권에 묶여 있는 한 도는 영원히 만날 수 없는 신기루일 뿐이다.

김영 교수님은 길 위의 철학자이고, 숲속에서 노자의 도, 생명의

도를 설파하는 생태활동가이시다. 불의를 만나면 언제나 길 위 맨 앞에서 노구를 이끌고 정의를, 바른 도를 외치시는 분이다. '사회적 협동조합 한강'의 고문이시자 여의도 샛숲에서 열리는 '노자생태교실'의 교장 선생님으로 '노자로 읽는 기후와 생태 위기'를 시민들에게 강의하고 계신다.

김영 교수님이 일생을 통해 이루신 노자에 대한 주견主見을 통해 박제화된 훈고적 교훈이 아니라 삶과 세상과 소통하면서 움직이는 도를 새롭게 배우고 깨우칠 수 있어 기쁘고 감사하다.

노자의 도는 우리가 지니고 지켜야 할 성품, 태도 그리고 사회를 구성하고 운영하는 자들이 지켜야 할 원칙이기도 하지만 동시에 인위적으로 할 수 없는 무위자연無爲自然의 세계를 말하고 있다고 생각한다. 따라서 인간의 탐욕으로 인해 인류 멸절의 위기에 처한 생태 위기 시대에 노자를 읽는 것은 참으로 적절하고 긴급한 일이라고 생각한다. 생명의 길로 가는 바른길을 찾을 수 있으리라 믿는다.

빈 그릇에 담길 알짬

김응교_시인, 숙명여대 교수

"말이 많으면 자주 어려움에 처하니, 그 비어 있음을 지키는 것
만 같지 못하다多言數窮, 不如守中."라고《노자》에 쓰여 있건만, 화
사하고 쓸데없이 말을 길게 늘여 쓴《노자》해설서들이 많다. 김영
교수님의《생태 위기 시대에 노자 읽기》, 이 책의 최대 장점은 허
투 없이 간결한 문장과 빈 공간에 담긴 알짬이다. 비어 있는 듯하
지만, 그 비어 있는 행간에 생태 위기 시대에 인간은 어떻게 더불
어 살 것인가 하는 진지한 물음에 대한 답이 담겨 있다. 해설에는
중국, 영국, 프랑스 등에서 연구하며 체득하신 국제적 지성과 함
께, 세월호나 환경 문제 등 온갖 사회 문제가 있는 곳에 빠짐없이
찾아간 실천적 혜안이 녹아 있다.

김영 교수님은 민족문학사연구소 대표와 한국한문학회 회장을
역임했다. 나는 김영 교수님과 함께 민족문학사연구소에서 활동
했고,《인문학적 상상력을 위한 한문강의》도 같이 공부했다.

매년 2월 16일 윤동주 시인의 기일에 백사마을에 사는 독거노인
댁 40여 가구에 4천여 장의 연탄을 놓아드리는 일을 하는데, 김영
교수님은 늘 첫인사를 해 주시고, 행사가 끝날 때까지 묵묵히 연탄

을 나르신다.

　김영 교수님의 《생태 위기 시대에 노자 읽기》가 훈훈한 온돌방처럼 따스하게 읽히는 이유는 큰 학술적 용량까지 담아버리는 거대한 그릇이 어떤 아픔도 담아 낼 수 있도록 비어 있기 때문이다. 풍성한 것을 담을 수 있도록 겸손하게 비어 있는 거대한 그릇. 존경해야 할 지성인이 후대에 주시는 최상의 선물이다. 이제 이 거대한 그릇에 독자의 곤한 삶을 오롯이 담기만 하면 된다.

노자생태교실의 결실

조현_한겨레신문 종교전문기자

김영 교수님은 유교세가 강한 경북 의성에서 나고 자라 대구에서 미션스쿨인 계성고를 나왔고, 연세대 국문과를 졸업한 뒤엔 기숙하며 서당식 교육을 했던 태동고전연구소 지곡서당에서 공부했다. 이후 교수 생활을 하면서 자락서당 훈장으로 활동했다. 인하대 시대 학장과 교육대학원장, 교수회 의장, 민족문학사연구소 대표, 한국한문학회 회장 등을 지냈고, 인하대 총동창회가 주는 '인하대 참스승상'을 수상하기도 했으니, 훈장과 스승의 전형적인 과정을 거치신 분이다. 그런데도 그에게서 꼰대 의식이라고는 찾아볼 수 없다. 자신을 앞세우기보다는 뒤에 서고, 유머러스함으로 분위기를 부드럽게 이끄는 면에서 그는 유가적이라기보다는 도가적인 느낌이 강하다.

그렇다고 그가 '이런들 어떠하리 저런들 어떠하리' 식으로 산다는 뜻은 아니다. 그는 광화문 촛불시위에 늘 함께하며 약자들의 외침에 목소리를 보탰다. 코로나19 이전에는 매년 겨울을 두 딸이 살고 있는 프랑스 파리에서 보냈던 그는 파리 시내에서도 국내 문제에 관한 피켓을 써 들고 운동에 동참할 정도로 열혈 청춘이었다.

"그 사람의 행동을 보고, 그 행위의 동기를 관찰하고, 그 사람이 어디에 만족하는지를 살펴보면 그 사람의 규모를 알 수 있다. 사람이 어찌 자기 자신을 숨길 수 있겠는가."

김 교수님이 자주 인용하는 《논어》의 글이 단지 글이 아니라 삶으로 체화된 것이다. 김 교수님의 '샛숲학교 노자생태교실'에 함께한 적이 있는데, 그가 《노자》 33장을 낭랑한 목소리로 낭송한 뒤에 해 준 말이 기억난다.

"자신의 감정과 욕심을 통제할 수 있는 사람은 참으로 강한 사람이다. 만족할 줄 아는 사람보다 더 큰 부자는 없고, 흔들리지 않고 바르게 정진할 수 있는 것은 확고한 지향이 있기 때문이다. 항상 중심을 잃지 않고 근본 도리를 지키면 오래 유지될 수 있고, 죽어도 그 명성이 사람들에게 오래 기억되어 영원히 살 것이다."

이처럼 강한 것이 반드시 쇠막대 같은 것이 아니라 물처럼 부드럽다는 데 노자의 매력이 있다. 굳센 심지를 지키면서도 부드럽게 살아가는 김 교수님의 삶이 이 책에 녹아 있다.

자신의 강한 힘만 믿고 약자와 자연을 함부로 훼손하고 자만하고 과욕을 부린 결과가 팬데믹이다. 이 책에 자신과 팬데믹을 정화시킬 물길과 바람길이 있다.

왜, 지금 노자인가

|||||||||||||||||||||||||||||||||||||||||||||||||

한문학을 전공한 필자는 일찍부터 노자와 장자를 공부해 왔다. 대학 시절에는 함석헌 선생의 《노자》 해석을 비롯한 여러 가지 번역서를 읽긴 했으나 "상선약수上善若水"나 "대기만성大器晚成" 같은 명구만 와닿았을 뿐이고, 노자의 전체 사상을 제대로 이해하지 못했다. 노자에 흥미를 느끼게 된 것은 무위당 장일순 선생의 《노자 이야기》(다산글방, 1993)를 읽고 나서였다. 동구권이 무너지고 거대 담론이 해체되어 새로운 길을 모색하던 때에 비움과 부드러움, 겸손함과 소박함, 반전 평화와 생명 존중 사상을 이야기로 풀어 주신 장일순 선생은 호를 '무위당无爲堂'으로 지을 만큼 노자 사상을 몸소 실천한 참스승이었다.

그러다가 2000년 베이징대학 방문학자로 1년간 체류하면서 그곳에 유학하고 있던 도가철학 전공 대학원생 및 박사후 연구자와 함께 매주 곽경번의 《장자집석莊子集釋》을 강독했다. 장자 우언의 영향을 받은 《망양록亡羊錄》 연구로 학위를 딴 필자는 매주 금요일 오전에 진행된 강독회에 참석했고, 교내 숙소로 돌아와서는 진고응 선생이 백화문으로 풀이한 《장자금주금역莊子今注今譯》으로 복

습했다. 졸저《네티즌과 함께 가는 우언산책》과《한국의 우언》은 이러한 베이징대학에서의 장자 공부로 맺은 결실이다.

그런데 장자를 본격적으로 공부하려면 노자 공부가 필수였다. 그래서 베이징대학 구내 서점과 문학·역사·철학 방면의 전문서를 두루 갖추고 있던 만성서점에서 허항생 베이징대 교수의《노자 연구》를 비롯한 연구서와 노자 판본에 대한 주석서, 노자 교양서를 집중적으로 사 모았다. 귀국해서 서점가를 둘러보니 김충열, 송항룡, 이강수, 김용옥 선생 같은 국내 동양철학자들과 해외 교포 학자 김하풍, 오강남 선생의 훌륭한 연구서와 번역서가 출간되어 있었다. 근년에는 이석명 선생의 노자 연구서를 읽었고, 전호근 선생의 '노자의 반언과 장자의 우언' 강좌도 들었다.

이러한 노장 공부와 연구서들을 바탕으로 인하대 대학원과 교육대학원 강좌에 장자와 노자 강의를 열었다. 대학원 한국학과 강의에서는 진고응의《노자주역급평개 老子註譯及評介》를 교재로 채택했고, 교육대학원에서는 왕필의《노자도덕경 老子道德經》과 노자를 교육적으로 풀어쓴 파멜라 메츠Pamela Metz의《배움의 도》를 함께 엮은 교재로 강의했다.

　2018년 8월 정년 퇴임을 하고 난 뒤에는 독서할 시간이 많아져 베이징대학에서 강독했던 장자 책들을 다시 읽고 있었다. 그런데 최근 들어 기후 위기와 환경 재앙이 갈수록 심각해지자 송경용 신부, 김응교 교수, 조현 기자를 비롯한 가까운 벗들이 생태 사상을 담고 있는《노자》를 강독해 달라고 요청해 왔다. 그래서 장자 공부를 잠시 미뤄 두고 인하대에서 했던 노자 강의를 보완하여 새 교재를 만들었다. 이를 가지고 우선 필자가 교장으로 있는 여의샛강생태공원의 샛숲학교에서 '노자생태교실'을 열었다. 지난 가을에는 인하대 정석학술정보관의 정석아카데미 프로그램 중 하나로 '노자랑 놀자' 교양강의도 진행했다.

　이번에 펴내는《생태 위기 시대에 노자 읽기》는 노자에 대한 본격적인 연구서가 아니라, 제목 그대로 생태 위기 시대를 맞아 그동안 노자를 공부하면서 강의해 온 내용을 정리한 교양서라 할 수 있다. 한문학을 공부해 온 한 학인이 노자를 좋아해서 노자 텍스트를 수백 번 읽다가 터득한 문리文理를 바탕으로 노자를 간명하게 풀이하여 시민들이 노자를 공부하는 데 도움이 될 수 있는 안내서를 낸 것으로 이해해 주었으면 한다.

　이 책을 쓰면서 많은 분의 도움과 격려를 받았다. 코로나19 대유행 속에서도 여의샛강생태공원의 샛숲학교에 노자생태교실을 열어 시민들과 함께 공부할 수 있도록 배려해 준 사회적협동조합 '한강'의 조은미 이사장과 염형철 대표를 비롯한 '한강' 공동체 벗님들, '샛숲에서 노자 읽기'를 함께하며 영감을 주신 동학들께 먼저 감사드린다.

유통기한이 지났는데도 불구하고 다시 캠퍼스의 학인들을 만나 노자 특강을 할 수 있도록 소중한 기회를 주신 인하대 정석학술정보관의 박혜영 관장님과 정석아카데미 '노자랑 놀자' 특강에 참석해 준 교수님과 학생 여러분께도 깊이 감사드린다. 3년 반 전 필자가 정년퇴직할 때 황조근정훈장 증서를 전달하며 직접 가슴에 훈장을 달아 주시고, '노자랑 놀자' 강의가 끝나는 날 종강 모임에 참석하여 격려해 주신 조명우 총장님께도 감사드린다.

어려운 출판 환경 속에서도 부족한 책을 거두어 주신 이상용 사장님과 언제나 성의 있게 책을 만들어 주시는 편집부 여러분께도 깊이 감사드린다.

끝으로 지난여름 코로나19 팬데믹 상황에서 2주간의 자가격리를 무릅쓰고 엄마의 나라를 찾아와, 아침저녁으로 노자를 낭송하는 할아비를 따라 몸을 좌우로 흔들며 "도가도 비상도"를 노래한 손녀 에린과 로에, 끊임없이 아빠를 응원해 준 연이와 원이, 그리고 평생 가난한 학인 곁에서 고락을 함께한 서은숙님께도 고마운 마음을 전한다.

2022년 새봄을 기다리며
김 영

◆ 추천사 4

◆ 글머리에   왜, 지금 노자인가 10

· 제1장 ·

생태적
위기 시대에
공생의
길 찾기

1. 자본주의 문명의 위기와 코로나19 팬데믹 20

2. 인간과 자연이 함께 사는 길 21

3. 생태적 삶을 위하여 24

· 제2장 ·

노자와
《노자》
텍스트의
기초적 이해

1. 노자라는 인물 30

2.《노자》의 중요 판본과 본서의 원문 확정 31

3. 노자 사상의 특성 34

· 제3장 ·

《노자》원문
수정본과
번역문,
해설

상편: 〈도경道經〉

1장.   도라고 하는 도는 참된 도가 아니고 42

2장.   만물은 상호관계 속에서 44

3장.   백성을 편안히 하는 길 48

4장. 도는 비어 있으나 깊어 50

5장. 비어 있음의 쓰임새 52

6장. 골짜기의 신 54

7장. 빛을 감춤 56

8장. 상선은 물과 같아 58

9장. 멈추고 자제할 줄 알면 60

10장. 무위자연의 방식 62

11장. 쓰이지 않음의 쓰임 64

12장. 욕망을 단속함 66

13장. 칭찬과 욕에 흔들리지 말고 68

14장. 도의 신비스러움 70

15장. 도인의 특성 72

16장. 뿌리로 돌아감 76

17장. 있는 줄 모르는 지도자 78

18장. 풍속이 타락하면 82

19장. 순박함으로 돌아감 84

20장. 세상 사람과 다름 86

21장. 마음을 비움 90

22장. 굽히고 겸손함 92

23장. 도와 함께 94

24장. 쓸데없는 행동 96

25장. 도와 하늘, 땅, 사람 98

26장. 무거움은 가벼움의 근본 102

27장. 사람과 만물의 선용 104

28장. 강함을 알고 부드러움을 지키면 106

29장. 지나침을 버림 108

30장. 군대 사용을 절제함 110

31장. 무력 사용을 그치게 함 112

32장. 소박하나 두루 미침   116

33장. 분별의 지혜   118

34장. 자연스럽고 겸손하게   120

35장. 단순하고 평범하게   122

36장. 보이지 않는 빛   124

37장. 무위지심으로 하는 정치   126

하편: 〈덕경德經〉

38장. 도덕과 인의   130

39장. 하나의 힘   134

40장. 도의 순환원리   138

41장. 도의 역설   140

42장. 도의 변화   142

43장. 부드러움과 없음의 힘   144

44장. 멈출 줄 아는 지혜   146

45장. 큰 덕은 모자라는 것 같아   148

46장. 욕망의 절제   150

47장. 멀리 봄   152

48장. 배움과 도   154

49장. 마음을 비움   156

50장. 생명을 소중하게   158

51장. 도와 덕으로   160

52장. 근원으로 돌아감   162

53장. 길이 아니면 가지를 말고   164

54장. 도 닦음의 효능   166

55장. 현묘한 징표   168

56장. 도를 아는 사람   170

57장. 풍속을 순박하게   172

58장. 순박한 도로 교화함   174

59장. 도를 지킴   176

60장. 조심스럽게 다스림   178

61장. 겸손하고 낮은 자세   180

62장. 도를 행함   182

63장. 하지 않는 듯 일 없는 듯   184

64장. 처음처럼   186

65장. 순박한 덕   188

66장. 자기를 낮추고 뒤로함   190

67장. 노자의 삼보   192

68장. 천도에 부합하는 길   196

69장. 용병의 방법   198

70장. 말의 종지와 일의 근본   200

71장. 문제를 앎   202

72장. 백성을 억압하지 않으면   204

73장. 하늘의 그물코   206

74장. 살생을 피하고   208

75장. 탐욕을 경계해야   210

76장. 부드럽고 강한 생명력   212

77장. 하늘의 도와 인간의 도   216

78장. 부드럽고 약함의 위대함   218

79장. 덕의 너그러움   220

80장. 노자가 꿈꾸는 세상   222

81장. 성인의 도는 다투지 않아   224

 참고문헌   226

✦ 샛숲의 사계절

제1장

생태적
위기 시대에
공생의
길 찾기

1. 자본주의 문명의 위기와 코로나19 팬데믹

인간의 탐욕이 초래한 생태적 위기와 사회경제적 양극화가 진행되는 상황 속에서 우리 인류는 코로나19라는 세계적 대재앙을 맞았다.

김종철 선생은 《녹색평론》 2020년 5~6월 호에서 이번 코로나 사태는 자본주의의 폭주, 과잉 산업발전과 소비주의의 소산이라고 진단하고, 이제 모든 생태계 파괴 행위를 통제하고, 얼마 남지 않은 삼림과 야생지 보호를 위해 사회 모든 부문의 역량을 총동원해야 한다고 강조하였다. 포스트 코로나 시대에는 기존의 약탈적 자본주의 문명에 대한 근본적인 성찰과 문명의 대전환을 위한 구상 및 실천이 필요하다는 것이다.

인간을 위한 경영을 주장하고 실천한 강수돌 교수도 《강자 동일시》(사무사책방, 2021)에서 현재의 자연 약탈적, 성장 지상주의적 자본주의에서 지속 가능한 생태사회주의로의 문명적 전환을 촉구하였다.

코로나19의 세계적 대유행을 계기로 그동안 인류가 저질러 온 반자연적 삶의 행태, 과잉 생산과 무절제한 소비, 과도한 에너지 사용과 자동차 및 비행기 운항 폭증, 곤충과 미생물의 서식지인 숲과 생태계에 대한 일방적 약탈, 극단적인 개인주의와 인위적인 유전자 조작 등 기존의 문명과 생활관습을 근본적으로 성찰하는 것이 필요하다.

2. 인간과 자연이 함께 사는 길

노자가 "사람은 땅을, 땅은 하늘을, 하늘은 도를 의지하고 본받는다 人法地, 地法天, 天法道."라고 하였듯이 천하 만물은 서로 연결되어 있으며 독자적으로 존재하는 것은 없다. 우리 시대의 정신적 스승이었던 틱낫한 스님은 이렇게 말했다.

> "한 장의 종이는 종이 아닌 요소들로만 이루어져 있다. 마음, 대지, 나무꾼, 구름, 햇살이 그 안에 들어 있다. 만일 그대가 종이 아닌 요소를 그 근원으로 되돌려 버린다면, 종이는 더 이상 존재할 수 없다. 구름이 없다면 물이 있을 수 없다. 물이 없다면 나무들이 자랄 수 없다. 나무들이 없다면 그대는 종이를 만들 수 없다. 따라서 종이의 존재는 구름의 존재에 달려 있다. 종이와 구름은 매우 가까운 관계이다."
>
> — 틱낫한,《틱낫한의 평화로움》(열림원, 2002)

사실 그렇다. 천하 만물은 서로 의지하고 있으며, 서로 관계를 맺으며 어울려 존재한다. 인간도 마찬가지이다. 인간이 한 인간이 되는 것도 사회화 과정을 통해서이며, 인간은 사회적 유대가 해체되면 존재할 수 없는 사회적 존재이다. 곰곰이 생각해 보면, 나라는 존재는 나 이외의 것으로만 구성되어 있음을 알 수 있다. 나의 생명은 부모에게서 온 것이고, 나의 지식은 선생님과 책으로부터 배운 것이고, 나의 건강은 농부들이 땀 흘려 경작한 곡식으로부터 온 것이며, 나의 집은 목수가 지어 준 것이고, 나의 직업은 사회가 준 것이기 때문이다. 만약 나에게서 나 이외의 요소를 제거하면 남는 것이 하나도 없을 것이다. 그래서 인도의 평화순례자 사티쉬 쿠마르Satish Kumar가 "그대가 있어 내가 있다."라고 말한 것이다. 씨앗은 땅을 섬기고 땅은 씨앗을 섬기며, 나무는 땅에 그 잎을 떨구고, 땅은 나무에 자양분을 주듯이, 우리 인간들도 서로를 섬기고 관계를 맺으며 자기를 실현하는 것인지 모른다.

우리는 집, 학교, 직장 어디에서나 끊임없이 인간관계를 맺으면서 이웃과 더불어 살아가며, 이러한 만남을 통해 삶의 기쁨과 보람을 느낀다. 법정 스님이 말했듯이 모든 만남은 생애 단 한 번의 인연이고, 모든 순간은 생애 단 한 번의 시간으로 매우 중요하며, 훌륭한 사람과의 만남은 더욱 소중하다고 할 것이다.

"어진 이를 가까이하면 뜻이 높아지고, 어리석은 자를 벗하면 재앙이 닥친다. 그것은 마치 종이가 향을 가까이했기 때문에 향내가 나고, 새끼줄이 생선을 가까이했기 때문에 비린내가 나는 것과 같다. 어진 사람에게 물드는 것은 향기를 쏘이며 가까이하는 것과 같이 지혜를 일깨우며 선을 쌓아 자신도 모르게 선한 사람이 된다."

— 법정, 《인연 이야기》(문학의숲, 2009)

그런 의미에서 좋은 이웃을 만나고 그들과 잘 지내고 원만한 인간관계를 유지하는 것은 인생의 큰 행복이고, 그러한 삶은 성공적인 삶이라 할 수 있다.

그런데 이웃 사람들과 잘 지내는 비결은 무엇일까. 선현들은 한결같이 남을 귀하게 여기고 자기를 낮추는 마음을 갖고, 자기에게는 엄격하고 남에게는 관대하게 처신하는 것이라고 말한다. 공자는 일찍이 "자기가 하고 싶지 않은 일을 남에게 시키지 않고己所不欲, 勿施於人" 자기를 사랑하듯이 남을 사랑하라고 하였고, 신영복 선생도 "남에게는 봄바람처럼, 자기 몸가짐은 서릿발처럼待人春風, 持己秋霜"을 자주 언급하였다.

인간의 비극은 인간과 자연의 조화로운 관계가 깨진 데서 비롯되었다. 옛날 선현들은 풀 한 포기, 나무 한 그루에도 천지의 화평한 기운이 담겨 있다고 믿었고, 인간과 만물은 모두 천지의 산물이라고 생각했다. 우리 주위에는 우리에게 아무런 대가 없이 무진장한 은혜를 베풀어 주는 자연이 존재한다.

그러나 산업화 이래 만물은 모두 하나라는 만물일류萬物一類 사상은 인간 중심의 개발 논리와 발전 욕망으로 인해 뒷전으로 밀려나고, 있는 그대로 궁극적 존재인 자연은 오직 인간의 이용과 탐욕의 대상으로만 여겨지게 되었다. 그 결과 우리 인류는 산림자원 훼손과 사막화 현상, 에너지 고갈과 지구 온난화, 오존층 파괴, 남북극 빙하의 해빙과 해수면 상승, 지하수 고갈과 공기 오염, 만성적 가뭄과 비정상적인 기상 현상 등과 같은 생태학적 위기를 맞고 있다. 코로나19는 이런 환경에서 발생한 것이다.

벌들은 이 꽃 저 꽃으로 옮겨 다니면서도 꿀을 조금씩 모아 꽃을 해치지 않고, 순환하는 자연의 섭리에 따라 살아가는 데 비해, 우리 인간은 자연이 주는 혜택을 누리면서도 자제할 줄 모르고 오로지 생산성 향상만을 위해 무모한 개발과 지나친 낭비를 일삼느라 오히려 자연을 파괴하는 잘못을 저지르고 있다. 이제 우리는 이러한 자연 약탈과 인간성을 파괴하는 경쟁 지상주의에서 벗어나 인간과 자연이 공존하는 생태주의 사회시스템으로 패러다임을 바꾸어야 한다.

3. 생태적 삶을 위하여

생태적 삶을 위해서는 우선 사람과 사람이, 인간과 자연이 서로 연결되어 있으며, 자연이 병들면 인간도 병든다는 자각이 필요하고, 천하 만물은 모두 인연에 의해 서로 연결되어 있다는 것을 자각할 줄 아는 영성의 회복이 급선무다.

프란치스코 교황도 "삶의 질을 증진하지 못하고 생명 세계를 파괴하는 경쟁을 발전이라고 한다면, 그것은 발전이 아니라 퇴보"라면서 돈의 노예가 되어 인간성을 파괴하고 경쟁을 부추기고 자연을 약탈하는 현재의 자본주의를 비판하였다. 영성 회복을 위해서는 욕망을 절제하고 자연과 생명을 존중해야 한다. 탐욕의 노예가 되지 말고 그칠 줄 알고 만족할 줄 아는 지혜를 가질 것을 강조한 노자는 인간의 보배에 대해 이렇게 말한다.

"나는 세 가지 보물을 지니고 있는데 그것을 잘 보존하고 있다. 첫째는 사랑이요, 둘째는 검소함이요, 셋째는 감히 세상에서 앞에 나서지 않는 것이다. 사랑하기에 용감하고, 검소하기에 널리 베풀 수 있으며, 사람들 앞에 먼저 나서지 않기에 온 세상의 지도자가 된다. 지금 사랑이 없으면서 용감하고, 검소하지 않으면서 넓게 베풀려고 하고, 몸을 뒤에 두지 않으면서 앞에 나서려 하는데, 그러면 죽음에 이른다."

– 《노자》 67장

노자는 우리가 소중히 여겨야 할 덕목으로 사랑慈과 검소함儉과 겸손함不敢爲天下先을 든 것이다. 우리 인간은 근원적으로 남을 측은하게 여기는 마음이 있기에 어린아이가 우물에 빠지려고 하면 가만히 보고만 있지 않고, 모르는 사람이 전철 선로에 떨어지면 자기 안위를 생각하지 않고 무조건 구하려고 뛰어든다. 사랑하는 마음이 용기를 불러일으키기 때문일 것이다. 그래서 동서고금의 고등 종교는 모두 사랑과 어짊과 자비를 핵심 가치로 내세운다.

그런데 노자는 이 사랑에 더하여 검소함과 겸손함의 미덕을 강조한다. 노자는 "상선은 물과 같다上善若水."라며 도道를 낮은 곳으로 흐르는 물에 비유하고, 일을 하고 자랑하지 말고, 공을 세우고 티를 내거나 그곳에 머물지 말라는 말을 자주 했다. 《노자》 텍스트에서 아낌과 검소에 대한 언급은 도를 비유한 물, 골짜기, 통나무, 어린아이와 여성처럼 자주 나오지는 않지만, 코로나19로 전 세계가 생태적 위기에 처한 오늘의 상황에서는 이 말들의 함의에 좀 더 주목할 필요가 있다.

《노자》59장에서도 "사람을 다스리고 하늘을 섬기는 데는 아낌만 한 것이 없다治人事天, 莫若嗇."라고 해서 '아낌嗇'이란 말이 나온다. 이 아낌嗇이란 있으면서도 쓰지 않는 것有而不用者이다. 소자유蘇子由는 《노자익老子翼》에서 다음과 같이 말한다.

　"어떤 물건이든지 반듯하면 자르고, 모나면 상처를 입히고, 곧으면 세게 뻗고, 빛나면 번쩍거린다. 오직 성인만이 반듯하면서 자르지 않고 모나면서 상처를 입히지 않고 곧으면서 뻗치지 않고 빛나면서 번쩍거리지 않으니 이를 일컬어 아낌嗇이라고 한다. 무릇 아낌嗇이란 있는데도 쓰지 않는 것이다."

　　　　　　　 – 소자유, 이현주 역, 《노자익》(두레, 2000)

이렇게 자연과 사물을 아끼는 것은 검소함을 미덕으로 여기기 때문이다. 공자도 《논어》〈팔일〉편에서 "예禮는 사치한 것이라기보다는 차라리 검소한 것이다禮與其奢也, 寧儉."라고 하였다. 대량 생산과 신속 유통, 대량 소비와 쓰레기 양산으로 이어지는 현대 자본주의 시스템이 초래한 생태학적 위기 상황에서 '검소함'의 의미는 엄중하다.

이처럼 인간의 욕망을 부추기고 자연을 약탈하는 자본주의 시스템을 인간과 자연의 생명을 소중히 여기는 생태적 문명으로 전환하기 위해서는 영성 회복을 통한 자기 절제와 만족할 줄 아는 지혜, 자연과 인간의 상호 존중과 조화 정신이 요구된다.

우리가 생태 위기 시대에 노자를 다시 읽는 까닭도 바로 이런 지혜를 얻기 위해서이다.

• 제2장 •

노자와 《노자》 텍스트의 기초적 이해

1. 노자라는 인물

노자는 춘추 시대 말에서 전국 시대 초의 초楚나라 고현苦縣 출신으로 공자와 쌍벽을 이루는 중국의 대사상가이다. 사마천司馬遷의 《사기史記》 〈열전列傳〉에 따르면 그의 성은 이李씨이고, 이름은 이耳, 자는 담耼으로 주周나라 장서실에서 책을 관장하는 관리였다고 한다. 《사기》에 따르면 공자가 주나라에 가서 노자에게 예禮에 대해 물었을 때 다음과 같이 말했다고 한다.

"그대가 말한 것은 그것을 만든 사람과 뼈는 모두 썩어버렸고, 다만 그 말만 남은 것이오. 군자는 때를 만나면 벼슬을 해서 뜻을 펴고 때를 얻지 못하면 쑥대처럼 굴러다니는 것이오. 내가 듣건대 훌륭한 장사꾼은 재화를 숨기고 덕이 성한 군자는 어리석은 듯한 용모를 한다고 하오. 그대는 교만한 기운과 탐욕, 득의만만한 태도와 지나친 의욕을 버리시오."

– 사마천, 《사기》 〈노자한비열전老子韓非列傳〉 제삼第三

또한 《사기》에는 노자는 도덕을 닦았으나 이름을 드러내지 않았다는 기록이 있다. 오늘날 우리가 보는 《노자》는 노자가 쇠퇴해진 주나라를 떠나갈 때 국경의 관문을 지키던 윤희尹喜의 요청을 받고 지은 책이라고 한다. 《노자》는 약 5천 자로 되어 있는데, 흔히 《도덕경道德經》이라고 부르는 것은 사마천이 이 책이 도道와 덕德

의 뜻을 밝혔다고 한 데서 비롯하여, 한漢나라 때는 현인들의 깊은 지혜가 담긴 책을 드높이기 위해 경經이라고 한 데서 유래한다. 이 책에서는 후대에 이름 붙인 《도덕경》이라는 제목보다 노자의 말을 담은 텍스트라는 의미의 《노자》라는 제목을 사용한다.

2. 《노자》의 중요 판본과 본서의 원문 확정

《노자》에 관한 판본과 해석서는 수백 종이 있고, 학계에서 논의되는 주석서만 해도 371종이나 된다. 이 가운데 우리나라에서 전통적으로 가장 많이 읽힌 《노자》 텍스트는 위魏나라 시대의 왕필王弼, AD 224~249이 정리한 《노자도덕경》이다. 이 왕필본이 가장 널리 유통되어 읽혔기에 통행본이라고도 한다. 1973년 한漢나라 마왕퇴馬王堆의 무덤에서 명주 비단에 쓰인 백서본帛書本 《노자》가 발견되고, 그로부터 20년 뒤인 1993년 곽점촌郭店村의 초楚나라 무덤에서 대나무에 적힌 《노자》인 죽간본竹簡本 혹은 곽점본郭店本이 발견되기 전까지는 이 왕필본이 절대적인 권위를 가지고 노자 연구에 가장 큰 영향력을 행사했다. 그러나 새로 발견된 백서본과 죽간본에 대한 원전 검토와 비교 연구 작업이 진행되고, 왕필본보다 이른 시기인 동한東漢 시대에 나온 하상공본河上公本 《노자도덕경하상공장구老子道德經河上公章句》가 주목을 받으면서 왕필본에 절대적으로 의지하던 《노자》 텍스트와 해석이 다양해졌다.

이러한《노자》텍스트들에 관한 자세한 정보는 전문 학술 연구서에 맡기고, 시민들의 간명한 노자 이해를 돕기 위해 쓴 이 책에서는 필자가 중점적으로 참고한 중요 텍스트만을 간략히 소개한다.

1) 왕필본《노자》

일반 독자들이 가장 많이 읽고 있는《노자》텍스트를 통행본이라 하는데, 이것이 바로 왕필본이다. 위나라 인물인 왕필이 편집한《노자》는 상편 〈도경道經〉(1~37장)과 하편 〈덕경德經〉(38~81장)으로 분장되어 있다. 송宋나라 이후 가장 널리 읽힌 판본으로, 오늘날에도 가장 많이 통용되고 있다.

2) 백서본《노자》

백서본《노자》는 1973년 중국 호남성湖南省 장사長沙의 한나라 마왕퇴 무덤에서 발굴된 것이다. 이 판본은 명주 비단에 쓰여 있어서 통상 백서본이라고 부른다. 백서본《노자》는 소전체小篆体로 쓰인 갑본甲本과 예서체隷書体로 쓰인 을본乙本이 있는데, 두 본 모두 통행본과는 반대로 〈덕경〉이 앞에, 〈도경〉이 뒤에 배치되어 있다. 말하자면 우리가 부르는 도덕경道德經이 아니라 덕도경德道經인 셈이다.

3) 죽간본《노자》

백서본이 발견되고 꼭 20년 뒤인 1993년 중국 호북성湖北省 곽점촌의 초나라 무덤에서 대나무에 쓰인《노자》가 발굴되었다. 이 것이 죽간본《노자》이며, 곽점촌에서 발견되었다고 해서 곽점본이라고 부르기도 한다. 이 죽간본은 가장 이른 시기인 BC 4세기경에 쓰인 것으로 추정되어 학술 자료로서의 가치가 높게 평가되고 있다. 그런데 결락된 부분이 많은 것이 흠이다.

4)《노자도덕경하상공장구》

《노자도덕경하상공장구》는 동한 시대의 주석서로, 지금까지 전해지는 주석서 가운데 형태가 온전하면서 가장 오래된 텍스트로 왕필본의 문제점을 보완해 주는 주요한 텍스트이다. 이 하상공본은 동한 시대에 유행한 양생養生 사상의 영향을 받았고 기론적氣論的 세계관에 근거하여 노자를 해석하고 있는 것이 특징이다.

5) 본서의 원본 확정

필자는 한 교양인으로서 노자를 공부하며 많은 깨우침과 위로를 받았다. 그런데 독자로서 노자를 공부하는 즐거움은 노자 강의를 하면서 책임감으로 바뀌었다. 자유로운 독서와 자의적인 상상력으로 노자를 공부하는 것이 아니라, 강단에서 시민과 학생들에게 노자를 강독할 때는 위에서 살펴본 다양한 《노자》 텍스트 중에서 어떤 것을 선택할 것인가 하는 문제가 필연적으로 제기되었다. 오랫동안 모은 노자 연구서를 참조하여 《노자》 텍스트를 확정해 보려 하였지만, 기존의 노자 연구 성과와 명망 있는 학자들의 주장에서 벗어날 수가 없었다. 그래서 아침저녁으로 《노자》를 읽고 틈나는 대로 거듭하여 수백 번을 읽었다. 그랬더니 《노자》의 문리를 어느 정도 깨닫고 기존 학자의 권위에 압도당하지 않는 나름의 주견主見을 가지고 노자를 바라볼 수 있게 되었다.

이 책의 원문 텍스트는 일반적으로 가장 널리 읽힌 왕필의 통행본을 기본으로 하면서도 문맥이 이상한 경문은 백서본, 죽간본, 하상공본을 비롯한 여러 판본과 주석서를 참고하여 필자의 주견에 따라 확정하였고, 오늘날 잘 쓰이지 않는 까다로운 한자는 다른 판본의 쉬운 한자로 바꾸었다. 달을 보는데 달을 가리키는 손가락에 구애될 필요는 없지 않을까 하는 생각에서였다.

3. 노자 사상의 특성

본격적으로 노자의 경문을 읽기 전에 노자의 기본적 사상을 간략히 검토해 보자. 한자 문명권을 지배한 동양 사상은 크게 공자와 맹자가 중심이 된 유가儒家 사상과 노자와 장자가 중심이 된 도가

道家 사상으로 나뉜다.

유가에서는 공동체 생활을 강조하며 무너진 상하의 사회질서와 도덕성 회복에 관심을 둔다. 그래서 상하의 도리를 강조하는 예禮를 내세우고, 남을 사랑하라는 인仁을 강조한다. 유가는 한마디로 적극적 구세주의救世主義 사상이고, 인의예지신仁義禮智信 실천을 목표로 하는 유위有爲 철학이다.

이에 비해 노자와 장자는 사회 집단의 질서보다 개인의 자율성을 존중하고 인간의 자유로운 정신세계를 추구한다. 그래서 인위적인 윤리 도덕보다 자연스러운 도道를 으뜸으로 여기고 '스스로 그러한' 자연스러움을 중하게 여긴다. 작위적이고 의도적인 것보다 무위無爲하고 자연스러운 것을 존중하는 사상이다. 무엇보다 생명을 소중히 여기고 자유와 자연스러움을 최고로 여긴다. 그래서 정치적으로는 간섭을 최소로 하며 가장 작게 다스리는 것을 목표로 하고, 인위적인 기술과 문화를 거부한다.

노자 사상의 특징은 본문에서 구체적으로 살펴볼 것이므로 여기서는 핵심 사상을 간명하게 몇 가지로 나누어 살펴보자.

1) 생명 존중과 반전 평화

노자는 사람이 살았을 때는 부드럽고 약하지만 죽게 되면 딱딱하고 강해진다人之生也柔弱, 其死也堅强고 하였고, 사람을 살상하는 전쟁을 반대兵, 不祥之器하였다.

2) 부드럽고 겸허한 삶

노자는 부드러운 것이 강함을 이긴다柔勝强고 생각했고, 가장 높은 선은 아래로 흘러가는 물과 같다上善若水고 하면서, 강과 바다가 여러 골짜기의 왕이 되는 것은 아래에 있기 때문江海之所以能爲百谷王者, 以其善下之이라고 하였다.

3) 대립 전화의 세계관

노자는 세상은 돌고 돌며 바뀐다고 생각했다. 화 속에 복이 있고 복 속에 화가 있으니禍兮, 福之所倚, 福兮, 禍之所伏 일을 하고 자랑하지 말고, 공을 세우고 거기 머물지 말라爲而不恃, 功成而不居고 하였다.

4) 도와 덕의 추구

노자는 말로 표현할 수 없는 현묘의 세계인 도道可道, 非常道. 玄之又玄를 추구했는데, 도를 물, 아이, 여성, 통나무, 골짜기 등에 비유하였다. 도가 만물을 생성하게 하고, 덕으로는 그것을 기른다道生之, 德畜之는 것이다. 도는 자꾸만 덜어 내는 것이고, 배움이란 자꾸만 쌓는 것爲學日益, 爲道日損이라 하였다.

5) 작위를 부리지 않고 스스로 그러하게

노자는 의도적으로 무슨 일을 하거나 티를 내면서 일을 하는 것을 좋아하지 않고, 욕심을 버리고 기다리며 스스로 그러하게 놓아두어 일이 저절로 되게 하는 것을 좋다고 했다. 정치도 무심한 마음으로 하는 무위지치無爲之治를 이상으로 삼았다.

6) 작은 나라 적은 백성

노자가 꿈꾸는 이상 사회는 나라가 작고 국민이 적은 소국과민小國寡民의 자율공동체였다. 작은 것을 아름답게 여기고, 지나친 기술 발달과 화려한 문물을 싫어했다. 소박한 마음으로 검소하게 사는 것이 바람직하다고 여겼다.

7) 반언과 역설의 사용

노자는 자신의 사상을 함축적인 시적 표현으로 드러냈다. 노자의 핵심 개념인 도를 정언正言으로 말하지 않고 다양한 비유와 반언反言을 통해 말했다. 예컨대 크게 지혜로운 사람은 바보 같다大智如愚고 한다든지, 성인은 스스로 위대하다고 하지 않기 때문에 위대하다聖人終不爲大, 故能成其大고 한 것이 대표적이다.

일러두기

1. 본서의 원문은 왕필의 통행본을 기본으로 하되 죽간본, 백서본, 하상공장구본 등 역대 중요한 《노자》 주석서와
   현대 학자들의 연구서를 참고하여 필자가 재구성해 확정하였다.

2. 독음과 번역, 해설은 필자가 한 것이다.

3. 각 장의 원문 제목은 하상공장구본을 비롯한 제가의 견해를 참고하여 필자가 새로 붙였다.

• 제3장 •

《노자》원문 수정본과 번역문, 해설

상편: 〈도경道經〉

1장

도라고 하는 도는 참된 도가 아니고

道可道, 非常道, 名可名, 非常名.
도가도, 비상도, 명가명, 비상명.

無名, 天地之始, 有名, 萬物之母.
무명, 천지지시, 유명, 만물지모.

故常無欲, 以觀其妙, 常有欲, 以觀其徼.
고상무욕, 이관기묘, 상유욕, 이관기요.

此兩者同, 出而異名, 同謂之玄. 玄之又玄, 衆妙之門.
차양자동, 출이이명, 동위지현. 현지우현, 중묘지문.

도道라고 말하는 도는 참된 도가 아니고, 무엇이라고 불리는 이름名은 참된 이름이 아니다. 이름이 없는 것을 하늘과 땅의 시원始原이라 하고, 이름이 있는 것을 만물의 어미라 한다. 늘 욕심이 없으면 세계의 오묘함을 보고, 늘 욕심이 있으면 현상계를 본다. 이 둘은 같은 것이지만 겉으로 나타나면 이름을 달리하는데, 같은 그것을 현묘하다고 한다. 현묘하고도 현묘하구나. 온갖 변화를 일으키는 문이로다.

노자는 인간이 무심코 쓰는 말이나 개념이 사태의 진실이나 도의 본질과는 거리가 있다는 것을 예리하게 파악하고 있었다. 노자가 살던 당시에도 여러 가지 도덕적 명제들과 정치적 이데올로기가 사람들의 눈을 흐리게 하고 사회를 혼란케 한 모양이다. 그래서 도라고 하는 도는 참된 도가 아니고, 지금 이름 붙인 개념은 실상과 거리가 멀다고 한 것이 아닐까.

근년에도 '평화를 위한 전쟁'을 한다는 궤변을 늘어놓으며 국가적 규모의 테러를 일삼은 나라가 있었고, 강바닥을 파헤치고 인위적으로 보를 설치하여 물의 흐름을 막아 강을 녹조라떼로 만든 것을 '4대강 살리기'라고 강변하며 인위적인 콘크리트 공사를 강행시킨 지도자가 있지 않았던가.

이런 것을 염려해서 부처님은 모든 개념과 존재하는 것들은 상대적諸行無常이라고 지적하였고, 공자는 세상을 바로잡는 일은 이름을 바로잡는正名 데서부터 시작해야 한다고 했다. 브라질의 교육학자 파울루 프레이리Paulo Freire도 아이들에게 진실을 가르치고 세상을 바로잡는 교육을 하기 위한 첫걸음이 '개념을 바로잡는 일renaming'이라고 하였는데, 과거사 정리나 역사 교육에서도 역시 이러한 '이름 바로잡기'가 중요한 일일 것이다.

2장

만물은 상호관계 속에서

天下皆知美之爲美, 斯惡已, 皆知善之爲善, 斯不善已.

천하개지미지위미, 사악이, 개지선지위선, 사불선이.

有無相生, 難易相成, 長短相形, 高下相盈,* 音聲相和, 前後相隨, 恒也.

유무상생, 난이상성, 장단상형, 고하상영, 음성상화, 전후상수, 항야.

是以聖人處無爲之事, 行不言之敎, 萬物作而不辭, 生而不有, 爲而不恃, 功成而弗居.

시이성인처무위지사, 행불언지교, 만물작이불사, 생이불유, 위이불시, 공성이불거.

夫唯弗居, 是以不去.

부유불거, 시이불거.

---

* "장단상형, 고하상영長短相形, 高下相盈"의 '형形'과 '영盈'이 왕필본에는 '교較'와 '경傾'으로 되어 있으나, 뜻이 자연스러운 백서본을 따랐다.

세상 사람들이 모두 아름다운 것을 아름답다고 하는 것은 추악하다는 생각 때문이고, 모두 선한 것을 선하다고 하는 것은 불선하다는 생각 때문이다. 유와 무는 서로 말미암아 생긴 것이고, 어려움과 쉬움은 서로 이뤄 주며, 길고 짧음은 서로 형성시켜 주며, 높음과 낮음은 서로 채워 주며, 악기 소리와 목소리는 서로 조화를 이루고, 앞과 뒤는 서로 따르는 것이니, 이것이 세상의 항상 그러한 모습이다. 이런 까닭에 성인은 무위의 자세로 일을 하며, 말 없는 가르침을 행한다. 만물을 잘 자라게 하되 그것을 자신이 시작했다고 하지 않고, 잘 살게 해 주고도 그것을 자신의 소유로 하지 않으며, 일을 하되 그것을 믿고 의지하지 않으며, 공을 이루고도 그곳에 머물지 않는다. 오로지 공을 자처하지 않기 때문에 버림받지 않는다.

노자는 절대적 권위나 불변의 가치를 인정하지 않고 상대적 세계관을 가지고 있었다. 아름다움이나 착함도 원래부터 있는 것이 아니고, 높고 낮음이나 길고 짧음도 상대적이라는 것이다. 만물을 자연스럽게 있는 그대로 두고 변화를 인위적으로 추동하지 않고 '스스로 그러하게' 내버려 두라고 한다. 그러면 일이 저절로 이루어지고, 공이 생기더라도 자기가 했다고 자랑하거나 티 내는 법이 없게 된다는 것이다.

노자가 만약 교사라면, 지식을 일방적으로 가르치는 지시적인 교육 방식이 아니라 학생들의 자발적인 깨우침이나 창의적인 발상을 유도하는 우회적인 방법을 사용했을 것이다. 절대적인 권위를 행사하지 않고 기존의 지식도 상대적이라는 전제 아래, 학생들이 스스로 생각하고 문제를 해결할 수 있도록 기다려 주고 실험의 자유를 인정해 주는 '무위자연의 교육 방법'을 시행했을 것이다. 슬기로운 교사는 지나치게 복잡한 교안을 짜지 않고 학생들이 저절로 공부하고 깨달을 수 있는 분위기를 조성하면서 애정 어린 눈길로 말없이 지켜보는 성숙한 조력자이지 않을까.

《노자 이야기》를 쓰신 무위당 장일순 선생의 삶이 그러했던 것 같다. 김삼웅 선생이 쓴《장일순 평전》(두레, 2019)에는 이런 대목이 나온다.

"편하고 꾸밈없는 옷차림처럼 무위당의 말씀은 편하고 쉽고 단순했지만 넉넉하고 명쾌하고 깊었습니다. 넓고 깊은 데다 소탈한 표정과 자애로운 웃음을 곁들인 천의무봉天衣無縫이었지요. 무엇보다 말씀을 나누고 사람을 만나는 데 차별이 없으셨습니다. 고위 인사에서 거리 행상에 이르는 누구에게나 늘 너그럽고 다정하셨습니다.

온 생명을 모시는 사람이었습니다. 위도 모시고 아래도 모시고 좌도 우도 섬기셨습니다. 당신 생애의 하루하루와 매시간을 아낌없이 세상 사람들에게 내어 주셨습니다. 공생共生의 삶을 사신 것이지요."

3장

백성을 편안히 하는 길

不尙賢, 使民不爭, 不貴難得之貨, 使民不爲盜, 不見可欲, 使民心不亂.
불상현, 사민부쟁, 불귀난득지화, 사민불위도, 불현가욕, 사민심불란.
是以聖人之治, 虛其心, 實其腹, 弱其志, 强其骨.
시이성인지치, 허기심, 실기복, 약기지, 강기골.
常使民無知無欲, 使夫智者不敢爲也. 爲無爲, 則無不治.
상사민무지무욕, 사부지자불감위야. 위무위, 즉무불치.

똑똑한 사람을 떠받들지 않으면 백성들이 다투지 않게 된다. 얻기 어려운 재화를 귀하게 여기지 않으면 백성들이 도둑질하지 않게 된다. 욕심낼 만한 것을 보이지 않아야 백성들의 마음이 혼란스러워지지 않는다. 그래서 성인聖人의 정치는 그 마음을 비우게 하고 그 배를 채우며, 그 의지는 약하게 하고 그 뼈대는 강하게 한다. 늘 백성들이 교활한 지혜나 탐욕이 없게 하고, 무릇 스스로 총명하다고 하는 자는 감히 나서서 일을 하지 못하게 한다. 인위적이지 않고 자연스럽게 하면 잘 다스려지지 않는 것이 없다.

돈이 최고의 가치가 되어버린 자본주의 세상에서는 돈을 잘 버는 경쟁력이 있는 사람이 똑똑한 사람으로 인식되고 있다. 이런 세태 속에서 '돈벌이 경영학'이 아니라 사람을 위한 '살림살이 경영학'을 공부하고 이를 구체적 삶 속에서 실천하는 독특한 경영학자가 있다. 경영학과 교수로 재직하면서 시골 동네 이장까지 지낸 독특한 지식인 강수돌 선생이다. 강수돌 선생은 돈을 많이 벌기 위해 경쟁과 생산성 향상에 매달리느라 인간의 얼굴을 잃어버린 정글 자본주의의 대안을 모색하고, 더불어 살아가는 공동체를 추구하며 이를 구체적 삶의 현장에서 실천하는 지식인이다. 독일에서 공부하면서 노동력으로서의 삶이 아니라 인격체로서의 삶이 중요함을 깨달았고, 그 후 사색과 실천을 통해 자본의 관점이 아니라 인간과 민중의 관점에서 세상을 바라보게 되었다고 한다(《강자 동일시》, 사무사책방, 2021).

돈이 우상이 된 지본 천국의 세상에서 똑똑한 길을 가지 않고 그 마음을 비우게 하고 그 배를 채우며, 그 의지는 약하게 하고 그 뼈대는 강하게 하는 생태주의적 삶을 지향하는 인물을 발견한 것은 갈증이 심할 때 시원한 옹달샘을 발견한 것처럼 기쁜 일이다.

4장

도는 비어 있으나 깊어

道沖而用之或不盈. 淵兮, 似萬物之宗.

도충이용지혹불영. 연혜, 사만물지종.

挫其銳, 解其紛, 和其光, 同其塵.

좌기예, 해기분, 화기광, 동기진.

湛兮, 似或存, 吾不知誰之子, 象帝之先.

잠혜, 사혹존, 오부지수지자, 상제지선.

도道는 비어 있으나, 아무리 써도 차고 넘치지 않는다. 깊기도 하구나,
마치 만물의 근원 같다. 그 날카로움을 무디게 하고 엉클어진 것을 풀
며, 그 빛과 조화되고 티끌과 하나가 된다. 맑아서 없는 것 같지만 늘 존
재하고 있구나. 나는 그것이 누구의 자식인 줄 모른다. 어쩌면 하느님보
다 먼저 있었던 것 같다.

도는 맑은 물처럼 그 속에 아무것도 없는 듯하지만 무궁무진해서 만물을 생겨나게 하고 자라게 한다. 사람도 마찬가지다. 성숙한 사람은 드러나 보이지 않으면서도 따뜻한 봄바람처럼 남을 감싸고, 자연스레 어울린다. 남이 잘되도록 도와주고 다른 이들의 성취를 함께 즐거워하되 티를 내지 않으며, 남의 슬픔을 함께 나누며 그 고통에 동참한다.

　《노자》를 주석한 하상공은 "도가 상제 이전에도 존재한다는 것은 고요하고 안정되어 수고롭거나 번거로움이 없기 때문道乃先天地生也, 至今者, 以能安靜, 湛然不勞煩"이라고 하였다(《노자도덕경하상공장구》, '무원無源', 中華書局, 1997).

5장

비어 있음의 쓰임새

天地不仁, 以萬物爲芻狗, 聖人不仁, 以百姓爲芻狗.

천지불인, 이만물위추구, 성인불인, 이백성위추구.

天地之間, 其猶橐籥乎! 虛而不屈, 動而愈出. 多言數窮, 不如守中.

천지지간, 기유탁약호! 허이불굴, 동이유출. 다언삭궁, 불여수중.

천지는 편애하지 않아, 만물을 풀강아지처럼 여긴다. 성인은 치우친 사랑을 베풀지 않아, 백성을 풀강아지처럼 여긴다. 천지 사이는 풀무와 같구나! 텅 비어 있지만 다함이 없고, 움직일수록 더욱 생명력이 넘친다. 말이 많으면 자주 어려움에 처하니, 그 비어 있음을 지키는 것만 같지 못하다.

하늘과 땅은 만물을 고루 사랑하고, 성인은 특정 지역 사람을 배제하거나 어떤 인종을 편애하지 않는다. 차별보다 서러운 것은 없다. 사람이 태어난 것은 운명인데도, 피부색과 남녀, 지역과 인종을 가른다. 자기가 원하는 땅이나 집안에서 태어난 것이 아니라 우연한 곳에 피투被投된 존재인데도, 그것이 평생 굴레가 된다. 그런데 천지는 만물의 균등한 존재 가치를 인정하고, 성인은 잘난 사람과 못난 사람을 가르지 않고 모든 사람을 평등하게 대한다.

그런데 동한 시대에 유행한 양생養生 사상에 영향을 받은 하상공은 "동이유출動而愈出"을 사람이 정욕을 제거하고 맛있는 음식을 물리치고 오장을 깨끗이 하면 생명력이 넘친다고 풀이했다.

부처님도 중생과 자신이 하나이므로 대자비심을 일으켜야 한다는 '동체대비同體大悲'를 말하지 않았던가.

"이웃의 불행과 고통은 나의 불행과 고통입니다. 내 이웃은 나의 삶과 연결되어 있습니다. 너와 내가 둘이 아닙니다. 나만 생각하면 그것이 지옥이고, 이웃을 생각하면 극락입니다."

(명진, 《스님은 아직도 사춘기》, 평화의길, 2022)

6장

골짜기의 신

谷神不死, 是謂玄牝. 玄牝之門, 是謂天地根. 緜緜若存, 用之不勤.

곡신불사, 시위현빈. 현빈지문, 시위천지근. 면면약존, 용지불근.

계곡의 신은 죽지 않으니, 이를 일컬어 현묘玄妙한 모성이라 한다. 현묘한 모성의 문을 일컬어 천지의 근원이라 한다. 면면히 이어져 항상 존재하여, 아무리 써도 다함이 없다.

도는 생명을 잉태하고 낳는 현묘한 여성과 같다. 도가 천지의 근원이듯이 여성의 자궁에서 귀한 생명이 태어난다. 천지는 만물을 낳는 근원으로 끊임없이 생성, 변화한다. 시냇물이 쉬지 않고 흘러가듯이.

《주역周易》중지곤重地坤 괘에서도 여성성을 상징하는 땅은 두터운 덕으로 만물을 길러낸다厚德載物고 하였다. 해방신학자 김근수 선생은 예수는 '여성의 아들'이라는 당연하면서도 새로운 언급을 하였다. 예수는 마리아가 낳은 아들답게 당시 여인들과의 만남과 대화에서 여성의 삶과 고뇌를 이해하려 하였고, 그들과 함께 슬픔과 하느님 나라의 기쁨을 나누었다는 사실을 주목한다(《여성의 아들 예수》, 클라우드나인, 2021).

도를 현묘한 여성玄牝에 비유한 노자나, 여성의 고통을 외면하지 않고 그녀들과 함께한 예수의 삶의 거리는 그리 멀지 않은 것 같다.

'샛숲에서 노자 읽기'를 하며 샛강의 생태공원을 가꾸는 봉사활동을 하는 장영탁 선생은 이 "곡신불사谷神不死"를 "샛강의 물은 끊임없이 흘러내린다."라고 경험적으로 풀이했다.

7장

빛을 감춤

天長地久. 天地所以能長且久者, 以其不自生, 故能長生.

천장지구. 천지소이능장차구자, 이기부자생, 고능장생.

是以聖人後其身而身先, 外其身而身存. 非以其無私邪? 故能成其私.

시이성인후기신이신선, 외기신이신존. 비이기무사야? 고능성기사.

천지자연은 장구하다. 천지자연이 장구할 수 있는 까닭은 그 자신을 살리려고 하지 않기 때문이다. 그런 까닭에 오래 살 수 있다. 그래서 성인은 (이러한 자연의 이치를 본받아) 자신을 내세우지 않으므로 오히려 앞서게 된다. 그 자신을 도외시度外視하지만 오히려 자신이 보존된다. 그것은 자신의 사사로운 욕심을 버리기 때문에 그렇게 되는 것이 아니겠는가? 그래서 능히 큰 자아大我를 이룰 수 있는 것이다.

봄에는 꽃이 피고 새가 울고 바람이 불어 물결이 일지만, 천지자연은 스스로 그러할 뿐 내가 그렇게 했노라고 하는 법이 없다. 성인도 자신을 내세우지 않고 말없이 남을 섬기기 때문에 '성인'이 된다. 《노자》의 주석으로 유명한 중국 명明나라의 감산憨山 선사도 "오직 도에 뜻을 둔 사람은 공을 기약하지 않아도 공이 스스로 커지고, 이름을 크게 내려고 하지 않아도 그 명성이 불후하게 된다唯有道者, 不期於功而功自大, 不期於名而名不朽."라고 하였다.

《논어》〈옹야雍也〉 편에 맹지반孟之反이라는 인물이 나온다. 그는 전쟁할 때는 늘 앞장섰고, 전세가 불리해져 패주할 때는 맨 뒤에서 적을 막으며 오다가 도성 문을 들어설 때 말을 채찍질하면서 말하기를, "내가 감히 용감하여 뒤에 선 것이 아니라, 말이 앞으로 나아가지 않았기 때문이다非敢後也, 馬不進也."라며 공을 자랑하지 않은 겸양한 인물이다. 이렇게 자기를 낮추고, 오른손이 한 일을 왼손이 모르도록 티를 내지 않을 때 우리는 감동을 받는다.

8장

상선은 물과 같아

上善若水. 水善利萬物而不爭, 處衆人之所惡, 故幾於道.

상선약수. 수선리만물이부쟁, 처중인지소오, 고기어도.

居善地, 心善淵, 與善仁, 言善信, 政善治, 事善能, 動善時. 夫唯不爭, 故
無尤.

거선지, 심선연, 여선인, 언선신, 정선치, 사선능, 동선시. 부유부쟁, 고
무우.

가장 훌륭한 선은 물과 같다. 물은 만물을 이롭게 하지만 남과 다투지는
않고, 사람들이 싫어하는 낮은 곳에 처한다. 그러기에 도에 가깝다. (이
런 사람은) 살아가면서 땅처럼 낮게 처하기를 잘하고, 마음 씀씀이는 연
못처럼 깊으며, 이웃과 사귈 때는 사랑을 잘 베풀고, 말을 할 때는 믿음
성 있게 하며, 정치를 하면 잘 다스리고, 일을 할 때는 능하게 처리하며,
행동할 때는 때를 잘 맞춘다. 오직 다투지 않으므로 허물이 없다.

사람들은 대부분 돈과 권력과 명예를 찾아 높은 곳으로 나아가려 애쓰지만, 시냇물은 강으로 흘러가 모든 강물을 포용하는 바다에 이른다. 사람들은 배타성을 갖는 돈과 권력과 명예를 추구하느라 남과 경쟁하지만, 물은 낮은 곳으로 내려가면서 대지의 온 생명을 살려 주고 자기가 더러워지면서 세상을 깨끗하게 씻어 준다. 노자는 이렇게 남들이 싫어하는 낮은 곳에 처하는 물이 도에 가깝다고 말한다. 그러고 보면 왕자 자리를 박차고 나와 생로병사에 신음하는 중생들과의 동고동락을 자처한 부처님이나, 하느님의 아들이었지만 가난한 사람들의 벗이 되고자 십자가의 길을 마다하지 않은 예수님이 상선의 도를 실천한 대표적인 인물이라고 할 수 있을 것이다.

> 물은 만물을 소생시키면서도
> 자기를 뽐내거나 남과 다투기는커녕
> 마른 대지를 적셔 주며,
> 높은 자리에 있지 않고
> 남들이 싫어하는 낮은 곳을 찾아 흐른다.
> 시냇물이 어디 언덕이나 바위와 다투는 것을 보았는가.
> 언덕을 감싸고 바위를 어루만지며 휘돌아가며
> 웅덩이는 그득 채워 주고
> 자기가 더러워지면서도 더러운 것들을 다 씻어 주며
> 저 낮은 민중의 바다로 흘러간다.

9장

멈추고 자제할 줄 알면

持而盈之, 不如其已, 揣而銳之, 不可長保.
지이영지, 불여기이, 췌이예지, 불가장보.

金玉滿堂, 莫之能守, 富貴而驕, 自遺其咎. 功遂身退, 天之道也.
금옥만당, 막지능수, 부귀이교, 자유기구. 공수신퇴, 천지도야.

가지고 채우려는 것은 멈추는 것보다 못하고, 갈아서 예리하게 하면 오래갈 수 없다. 금은보화가 집 안에 가득하면 그것을 지킬 수가 없고, 돈이 많고 높은 자리에 있다고 하여 교만하면 스스로 허물을 남기게 된다. 공을 이루고 물러나는 것이 하늘의 도이다.

해가 하늘 가운데인 중천에 이르면 서쪽으로 서서히 기울어지
고, 달도 만월이 되면 이지러진다. 이처럼 사물이 극성하면 쇠퇴하
기 마련이고, 즐거움이 극에 달하면 슬픔이 따르게 된다.

부귀라는 것은 세상에 있는 동안 잠시 맡고 있는 것. 그러므로
부유하면 가난한 이들을 구제해야 하고, 존귀해지면 미천한 사람
을 가엽게 여겨야 하는 법이다.

그런데 이런 이치를 모르고 돈이 많고 높은 자리에 있다고 하여
교만하고 방자하게 굴면 재앙을 당하고 해를 입게 된다. 그래서 노
자는 멈출 줄 아는 지혜를 강조한다. 공을 세우고 그곳에 머물지
말라는 것이다.

10장

무위자연의 방식

載營魄抱一, 能無離乎? 專氣致柔, 能如嬰兒乎?

재영백포일, 능무이호? 전기치유, 능여영아호?

滌除玄覽, 能無疵乎? 愛民治國, 能無知乎?

척제현람, 능무자호? 애민치국, 능무지호?

天門開闔, 能爲雌乎? 明白四達, 能無爲乎?

천문개합, 능위자호? 명백사달, 능무위호?

生之畜之, 生而不有, 爲而不恃, 長而不宰, 是謂玄德.

생지훅지, 생이불유, 위이불시, 장이부재, 시위현덕.

정신을 다스리는 혼魂과 육체를 다스리는 백魄을 하나로 안아 분리되지 않게 할 수 있는가? 기氣를 집중시키고 부드럽게 하기를 어린아이처럼 할 수 있는가? 마음의 거울을 닦아 티 하나 없게 할 수 있는가? 백성을 사랑하고 나라를 다스리되 의식적으로 하지 않을 수 있겠는가? 이목구비耳目口鼻의 감관感官을 열고 닫되 여성처럼 부드럽게 할 수 있는가? 사방 세계를 밝게 통달하기를 무위자연의 방식으로 할 수 있겠는가? 낳고 기르고 하되 낳아서 소유하려 하지 않고, 일을 하되 믿고 의지하지 않으며, 기르되 그 기른 것을 마음대로 하지 아니하니, 이를 일컬어 신비한 덕이라 한다.

도를 따르는 사람은 정신과 육체가 하나가 되고, 부드럽고 맑으며, 술수와 교지를 쓰지 않고 무위자연의 방식으로 살아간다. 마음을 청결하게 해서 나라를 경영할 때도 티를 내지 않고 편안하고 조용하게 한다는 것이다.

그런데 여기서 "포일抱一"이라고 할 때 이 '하나一'는 무엇일까? 일반적으로는 도道를 가리킨다고 이해한다. 그런데 하상공은 한결같고 나누어지지 않는 것으로 해석하였다.

"'일一'은 도가 처음 낳는 것으로, 태화의 정기이다. 그래서 '일'이라고 한다. '일'은 세상에서 다양하게 드러난다. 하늘은 '일'을 얻음으로써 맑아지고, 땅은 '일'을 얻음으로써 안정되며, 제후와 왕은 '일'을 얻음으로써 나라를 바르고 공평하게 할 수 있다. 이것이 안으로 들어가면 마음이 되고, 밖으로 나오면 행위가 되며, 널리 베풀면 덕이 되고, 총괄적으로 이름을 붙이면 하나가 된다."

《노자도덕경하상공장구》, '능위能爲')

11장

쓰이지 않음의 쓰임

三十輻, 共一轂, 當其無, 有車之用. 埏埴以爲器, 當其無, 有器之用.
삼십복, 공일곡, 당기무, 유거지용. 선식이위기, 당기무, 유기지용.

鑿戶牖以爲室, 當其無, 有室之用. 故有之以爲利, 無之以爲用.
착호유이위실, 당기무, 유실지용. 고유지이위리, 무지이위용.

서른 개의 바큇살이 하나의 바퀴통에 모이는데, 바로 거기가 비어 있어서 수레가 움직일 수 있게 된다. 찰흙을 빚어 그릇을 만드는데, 바로 거기가 비어 있어서 그릇의 쓰임이 있게 된다. 문과 창문을 내어 방을 만드는데, 그 안이 비어 있어서 방을 쓸 수 있다. 그러므로 '있음'으로써 편리하게 되고, '비어 있음'으로써 작용이 가능한 것이다.

장자가 "사람들은 쓸모 있음의 쓰임만 알고 쓸모없음의 쓰임은 모른다人皆知有用之用, 不知無用之用."라고 했듯이, 우리는 눈에 보이는 것과 실질을 숭상하고, 눈에 보이지 않는 것과 쓸모없다고 여기는 텅 빈 공간의 소중함을 잘 인식하지 못하고 있다.

그릇은 비어 있어야 무언가를 담을 수 있고, 집도 빈 공간이 있어야 사용할 수 있다. 단기적인 성과를 위해 실용적인 경영학과 공학 분야에만 집중 투자하면서 기초과학과 인문 예술 분야를 홀대하다 보면 곧 발전의 한계에 봉착하고 불균형 성장을 초래하게 된다.

채움과 비움, 긴장과 이완, 일과 놀이, 쓰임과 쓰이지 않음의 조화가 필요하다.

공원이 없는 아파트 숲은 얼마나 답답한가.

12장

욕망을 단속함

五色令人目盲, 五音令人耳聾, 五味令人口爽, 馳騁畋獵, 令人心發狂,
難得之貨, 令人行妨.

오색령인목맹, 오음령인이농, 오미령인구상, 치빙전렵, 영인심발광,
난득지화, 영인행방.

是以聖人爲腹不爲目, 故去彼取此.

시이성인위복불위목, 고거피취차.

다섯 가지로 구분된 색깔은 사람의 눈을 멀게 하고, 다섯 가지로 구분된
소리는 사람의 귀를 멀게 하며, 다섯 가지로 구분된 맛은 사람의 입맛을
잃게 한다. 말을 달리며 하는 사냥이 사람의 마음을 미치게 하고, 얻기
어려운 재화가 사람의 행동을 어지럽힌다. 이러하기에 성인은 배를 위
하되, 눈을 위하지 않는다. 그래서 저것(눈: 물욕)을 버리고 이것(배: 안분
지족의 생활)을 취한다.

푸르고 누르고 붉고 희고 검은 다섯 가지 색깔은 우리의 눈을 현란하게 하고, 궁상각치우宮商角徵羽의 다섯 가지 소리는 우리의 귀를 울리고, 시고 쓰고 달고 맵고 짠맛은 우리의 입맛을 길들인다. 사냥과 골프에 빠지면 정상 생활을 하기가 어렵고, 금은보석과 유명 제품에 탐닉하게 되면 이성이 마비되고 정신이 혼미해진다.

욕심은 눈을 흐리게 하고 건강한 삶을 방해한다. 적당한 식사와 친환경적인 생활은 우리 몸을 건강하게 하고 정신을 맑게 한다.

Simple life, High thinking!

13장

칭찬과 욕에 흔들리지 말고

寵辱若驚, 貴大患若身. 何謂寵辱若驚?

총욕약경, 귀대환약신. 하위총욕약경?

寵爲下, 得之若驚, 失之若驚, 是謂寵辱若驚.

총위하, 득지약경, 실지약경, 시위총욕약경.

何謂貴大患若身? 吾所以有大患者, 爲吾有身, 及吾無身, 吾有何患?

하위귀대환약신? 오소이유대환자, 위오유신, 급오무신, 오유하환?

故貴以身爲天下, 若可寄天下, 愛以身爲天下, 若可託天下.

고귀이신위천하, 약가기천하, 애이신위천하, 약가탁천하.

총애를 받거나 수모를 당하거나 모두 깜짝 놀란 듯이 하라. 큰 환난을 귀하게 여기기를 내 몸과 같이 하라. 총애를 받거나 수모를 당하거나 모두 깜짝 놀란 듯이 하라는 말은 무슨 뜻인가? 총애는 하찮은 것이다. 그것을 얻어도 마음이 불안하고, 그것을 잃어도 놀라게 된다. 이것이 총애를 받거나 수모를 당하거나 모두 깜짝 놀란 듯이 하라는 말의 뜻이다. 큰 환난을 귀하게 여기기를 내 몸과 같이 하라는 말은 무슨 뜻인가? 나에게 큰 환난이 있는 까닭은 나에게 몸이 있기 때문이다. 나에게 몸이 없다면 나에게 이찌 그런 환난이 있겠는가? 그러므로 자신의 몸을 천하

만큼이나 귀하게 여기는 사람에게는 천하를 맡길 만하고, 자신의 몸을
천하만큼이나 아끼는 사람에게는 천하를 줄 수 있다.

(•

　우리는 흔히 만사가 뜻대로 이루어지고萬事如意 하는 일에 성공
하라는 말을 덕담으로 건네고, 상 받은 것을 축하한다. 그런데 노
자는 거꾸로 환난을 귀하게 여기고, 성공해서 총애를 받는 것을 오
히려 조심하라고 한다.

　근래 어지러울 정도로 문학상이 많고 상금도 경쟁하듯이 높아
져만 가는 우리 문단의 풍조를 보고, 가을이 되면 세계 문인들과
출판업자들이 노벨 문학상 수상자 발표에 예민한 관심을 보이며
궁금해한다는 기사를 접하며, 노자가 괜히 "총애를 받고 욕 듣는
것을 놀란 듯이 하라龍辱若驚."고 한 것이 아니구나 하는 생각이
든다.

　사실에 알맞은 칭찬은 고무가 되고, 어려움을 딛고 일군 성취에
대한 보상은 큰 힘이 되지만, 과도한 칭찬은 부담을 주며, 지나친
인기와 관심은 오히려 사람을 허황하게 하고 본래의 길에서 벗어
나게 하지 않던가.

14장

도의 신비스러움

視之不見, 名曰夷. 聽之不聞, 名曰希. 搏之不得, 名曰微.

시지불견, 명왈이. 청지불문, 명왈희. 박지부득, 명왈미.

此三者不可致詰, 故混而爲一. 其上不皦, 其下不昧, 繩繩兮不可名, 復歸於無物.

차삼자불가치힐, 고혼이위일. 기상불교, 기하불매, 승승혜불가명, 복귀어무물.

是謂無狀之狀, 無物之象, 是謂恍惚. 迎之不見其首, 隨之不見其後.

시위무상지상, 무물지상, 시위황홀. 영지불견기수, 수지불견기후.

執古之道, 以御今之有. 能知古始, 是謂道紀.

집고지도, 이어금지유. 능지고시, 시위도기.

보아도 보이지 않는 것을 이름하여 이夷라 한다. 들어도 들리지 않는 것을 이름하여 희希라 한다. 잡아도 잡히지 않는 것을 이름하여 미微라 한다. 이 세 가지는 끝까지 따져 볼 수가 없다. 원래부터 섞여서 하나를 이루고 있기 때문이다. 그 위는 밝지 않고 그 아래는 어둡지 않다. 이어지고 이어져서 이름을 지을 수 없다. 다시 아무것도 없는 곳으로 돌아간다. 이를 일킬어 모양 없는 모양이요, 모습 없는 모습이라 한다. 이를 일컬어 황홀恍惚이라 한다. 맞이해서 보려 하지만 그 머리를 볼 수 없고, 따라가 보지만 그 뒷모습을 볼 수가 없다. 이미 존재한 도를 가지고 현재의 현상을 다스린다. 능히 천지의 시작을 알면 이를 일러 도의 근본을 안다고 할 것이다.

   노자는 도의 특성에 대해 말하고 있다. 도는 보아도 보이지 않고, 들으려 해도 들리지 않고, 잡으려 해도 잡히지 않는 미묘한 것이라 한다. 앞서 1장에서 이미 도라고 불리는 도는 참된 도가 아니라고 하여, 도가 우리 인간의 감각이나 인식 범위를 벗어남을 말하였다. 그래서 이 장에서는 도를 모양 없는 모양이요, 모습 없는 모습이라 황홀하다고 표현한다. 도는 이렇게 미묘하고 황홀해서 그 처음과 끝을 알 수 없지만, 존재를 있게 하는 시원始原이다. 없는 것처럼 있으면서 만사를 스스로 그렇게 움직이게 하고 다스린다는 것이다.

15장

도인의 특성

古之善爲道者,* 微妙玄通, 深不可識. 夫唯不可識, 故强爲之容.

고지선위도자, 미묘현통, 심불가식. 부유불가식, 고강위지용.

與兮若冬涉川,** 猶兮若畏四隣, 儼兮其若客, 渙兮其若凌釋,

여혜약동섭천, 유혜약외사린, 엄혜기약객, 환혜기약능석,

敦兮其若樸, 曠兮其若谷, 混兮其若濁. 孰能濁以靜之徐淸, 孰能安以動之徐生.

돈혜기약박, 광혜기약곡, 혼혜기약탁. 숙능탁이정지서청, 숙능안이동지서생.

保此道者, 不欲盈. 夫唯不盈, 故能蔽新成.

보차도자, 불욕영. 부유불영, 고능폐신성.

---

* "고지선위도자古之善爲道者"의 '도道'는 왕필본에는 '사士'로 되어 있으나, 백서본을 따랐다.

** "여혜약동섭천與兮若冬涉川"의 '여與'는 왕필본에는 머뭇거릴 '예豫'로 되어 있으나, 다산 정약용 선생을 따라 백서본을 따랐다. 다산은 조선 후기 서학(西學: 천주교)이 탄압받던 시대에 이 장에서 '조심해서 처신하겠다'는 뜻을 취해 '여유당(與猶堂: 신중할 與, 조심할 猶)'이라는 당호를 지었다.

옛날 도에 훌륭한 이는 미묘하고 현통하여 그 깊이를 알 수 없다. 대저 그 깊이를 알 수 없기에 억지로 그 모양을 다음과 같이 형용할 뿐이다. 신중하여 겨울 내를 건너는 것 같고, 조심하여 주위를 두려워하는 것 같고, 의젓하여 손님 같고, 풀어져서 얼음이 녹으려는 것 같고, 질박하여 통나무 같고, 비어 있기를 골짜기 같으며, 섞여 있어서 혼탁한 것 같다. 누가 혼탁한 물을 고요하게 하여 서서히 맑아지게 할 수 있으며, 누가 가만히 있는 것을 움직여서 생기가 살아나게 할 수 있는가? 이런 도를 지키는 사람은 채우려 들지 않는다. 오직 채우지 않기 때문에 낡아져서 새롭게 이룰 수 있다.

노자는 도를 실행하는 사람은 신중하고 조심하며, 의젓하고 풀어지며, 질박하고 비어 있으며, 섞여 있다고 하였다. 도의 모습은 빈 골짜기와 질박한 통나무 같다는 비유는 왕왕 등장하는데, 여기서도 도를 행하는 사람은 "섞여 있어서 혼탁한 것 같다混兮其若濁."라고 말하고 있다.

최성현의 《좁쌀 한 알》(도솔, 2004)에는 무위당 장일순 선생이 어떤 대학생에게 해 준 이야기가 나온다.

최혁진이 대학생일 때였다. 하루는 장일순이 이렇게 물었다.

"큰비가 오는 바람에 강이 흙탕물이 됐다고 하자. 그 물, 그 흙탕물을 다시 맑은 물로 만들려면 어떻게 하면 되겠어?"

최혁진이 대답을 못 했다.

"세 가지 부류가 있겠지. 한 부류는 강둑에 서서 팔짱을 끼고 지켜보기만 하는 사람들이고, 또 한 부류는 둑을 쌓는 사람들이다. 둑을 쌓고 물이 맑아지기를 기다리는 것이다. 그런데 나라면 물속에 들어가 물과 함께 흘러가겠어. 함께 가며 맑아지는 거지."

도를 실천하는 사람은 흙탕물이 흘러가는 것을 팔짱을 끼고 지켜보거나 둑을 쌓는 사람이 아니라 혼탁한 물속에 들어가 그들과 함께 흘러가는 사람이라는 말씀일 것이다.

16장

뿌리로 돌아감

致虛極, 守靜篤. 萬物竝作, 吾以觀復. 夫物芸芸, 各復歸其根.

치허극, 수정독. 만물병작, 오이관복. 부물운운, 각복귀기근.

歸根曰靜, 靜謂復命. 復命曰常, 知常曰明. 不知常, 妄作凶.

귀근왈정, 정위복명. 복명왈상, 지상왈명. 부지상, 망작흉.

知常容, 容乃公, 公乃全, 全乃天, 天乃道, 道乃久, 沒身不殆.

지상용, 용내공, 공내전, 전내천, 천내도, 도내구, 몰신불태.

비움에 이르기를 지극히 하고, 고요함을 지키기를 돈독히 해라. 만물은 다 함께 자라는데, 나는 그것을 통해 자연의 순환하는 이치를 본다. 만물은 무성하지만, 제각각 자신의 뿌리로 돌아간다. 뿌리로 돌아가는 것을 일러 정靜이라 하는데, 이것을 명命으로 되돌아간다고 부른다. 명으로 되돌아가는 것을 늘 그러한 이치常라 하고, 늘 그러한 이치를 아는 것을 명明이라 한다. 늘 그러한 이치를 알지 못하면 경거망동이 일어난다. 늘 그러한 이치를 알면 포용하게 되고, 포용력이 있으면 공평하게 되며, 공평할 줄 알면 두루 보편적이 된다. 두루 보편적인 것은 하늘에 부합하는 것이며, 하늘에 부합하는 일이 곧 도이다. 도에 맞게 하면 오래갈 수 있으며, 죽을 때까지 위태롭지 않다.

봄에는 나무에 물이 오르고 온갖 꽃이 핀다. 나무는 땅에 뿌리를 내리고 있으면서 생명을 하늘로 밀어 올린다. 그러다가 가을에는 단풍이 들고 겨울에는 모든 잎을 대지에 떨구고 나목으로 겨울을 지낸다. 늦가을에 떨어진 나뭇잎은 땅을 비옥하게 하고 자기의 뿌리로 돌아간다. 자기를 온전히 비우고 평정함을 유지하는 것은 하늘의 이치에 부합하는 것이다. 생명이 이렇게 순환하는 것, 이것이 도이다.

나희덕 시인은 〈뿌리에게〉에서 이렇게 말한다.

"깊은 곳에서 네가 나의 뿌리였을 때
나는 막 갈구어진 연한 흙이어서
너를 잘 기억할 수 있다.
네 숨결이 처음 대이던 그 자리에 더운 김이 오르고
밝은 피 뽑아 네게 흘려보내며 슬서움에 떨던
아 나의 사랑을."

(나희덕, 《뿌리에게》, 창비, 1991)

17장

있는 줄 모르는 지도자

太上, 下知有之, 其次, 親而譽之, 其次, 畏之, 其次, 侮之.

태상, 하지유지, 기차, 친이예지, 기차, 외지, 기차, 모지.

信不足焉, 有不信焉. 悠兮其貴言. 功成事遂, 百姓皆謂, 我自然.

신부족언, 유불신언. 유혜기귀언. 공성사수, 백성개위, 아자연.

가장 훌륭한 지도자는 아랫사람이 그가 있는 것만 겨우 알고, 그 다음 가는 지도자는 친근히 여겨 그를 찬미하고, 그 다음가는 지도자는 두려 워하고, 그 다음가는 지도자는 경멸한다. 그러므로 통치자의 믿음이 부 족하면 백성들이 믿지 못한다. 삼가 조심하여 말을 아낀다. 공功을 이루 고 일이 마무리되어도, 백성들은 모두 "우리는 스스로 그러했어."라고 한다.

가장 통치를 잘하는 지치至治의 시대에는 누가 왕인지 누가 대통령인지 모르고 살지만, 난세亂世에는 왕의 명령이 번다하고 대통령의 근황이 메인 뉴스의 톱을 장식한다. 걸주桀紂 같은 폭군이 설쳤을 때 백성들은 "이 나라는 언제 망할까? 나와 네가 함께 망했으면 좋으련만."이라며 절규했고, 총칼로 대통령직을 찬탈하려는 쿠데타 세력에 대해서는 시민들이 피로써 항쟁하기도 했다.

그런데 요순堯舜 같은 성군이 천하를 경영할 때는 백성들이 누가 통치자인지도 모르고 왕의 존재를 의식하지 않을 정도로 편안했던 것 같다. 새가 하늘을 날면서도 공기를 느끼지 않고, 물고기가 헤엄을 치면서도 물을 느끼지 않듯이 모든 것이 너무나 순조롭고 자연스럽게 진행되었기에 통치자의 존재를 느낄 필요가 없었을 것이다.

노자의 이러한 언명은 정치가에게만 해당하는 것이 아니라 교육자에게도 그대로 적용할 수 있다. 파멜라 메츠는《배움의 도》에서 다음과 같이 노자를 교육적으로 풀이하였다.

"슬기로운 교사가 가르칠 때 학생들은 그가 있는 줄을 잘 모른다.

그 다음가는 교사는 학생들에게 사랑받는 교사다.

그 다음가는 교사는 학생들이 무서워하는 교사다.

가장 덜된 교사는 학생들이 미워하는 교사다.

교사가 학생들을 믿지 않으면 학생들도 그를 믿지 않는다.

배움의 싹이 틀 때 그것을 거들어 주는 교사는 학생들로 하여금

그들이 진작부터 알던 바를

스스로 찾아낼 수 있도록 돕는다.

교사가 일을 다 마쳤을 때 학생들은 말한다.

"대단하다! 우리가 해냈어."

(파멜라 메츠,《배움의 도》, 민들레, 2015)

18장

풍속이 타락하면

大道廢, 有仁義, 智慧出, 有大僞, 六親不和, 有孝慈, 國家昏亂, 有忠臣.
대도폐, 유인의, 지혜출, 유대위, 육친불화, 유효자, 국가혼란, 유충신.

큰 도가 무너지니 인과 의가 강조되고, 지혜가 출현하자 큰 거짓이 생겨
나고, 가족이 화목하지 못하자 효성이나 자애를 강조하고, 국가가 혼란
할 때 충신이 있게 된다.

정의가 강조되는 사회는 정의롭지 않고, 공정성이 논의되는 시대는 공정하지 않을 가능성이 크다. 군부 쿠데타로 집권한 세력이 민주와 정의를 표방하는 정당을 만들고, 올바른 방법을 취하지 않으니 온갖 꼼수를 쓰게 되고, 윤리와 도덕이 땅에 떨어져 하극상이 벌어지자 충효를 강조한다. 큰길인 대도를 가지 않으니 문제가 발생하고 일이 꼬이게 된다. 일이 자꾸 꼬이고 풀리지 않으면 결국 원칙과 정도를 생각해서 풀어 나갈 수밖에 없다.

큰 도가 행해지는 세상에서는 효도와 자애라는 말이 사라지고, 인과 의가 강조될 필요가 없다. 이는 마치 해가 뜨면 횃불이 빛을 잃고, 달이 밝으면 별들이 빛을 잃는 것과 같은 이치일 것이다.

19장

순박함으로 돌아감

絶聖棄智, 民利百倍, 絶仁棄義, 民復孝慈, 絶巧棄利, 盜賊無有.

절성기지, 민리백배, 절인기의, 민복효자, 절교기리, 도적무유.

此三者以爲文, 不足. 故令有所屬, 見素抱樸, 少私寡欲.

차삼자이위문, 부족. 고영유소속, 현소포박, 소사과욕.

총명과 교지를 버리면 백성들은 백 배나 이롭다. 인의의 관념을 끊어버리면 백성들은 효성과 인자함을 회복하게 된다. 기교와 이익을 추구하지 않으면 도적이 없어진다. 이 세 가지는 모두 인위적으로 만들어진 것으로 충분하지 못하다. 그러므로 모름지기 속해야 할 곳이 있다. 소박함을 드러내고 순진함을 견지하며 사욕을 줄인다.

노자는 지혜가 출현하자 큰 거짓이 생기고, 인의가 강조되는 것은 도가 무너졌기 때문이라고 한 데 이어, 좀 더 직접적으로 총명과 교지를 버리면 백성들이 이롭고, 인의의 관념을 끊어버려야 사람들이 인자하게 된다고 말한다. 이 말은 정치 지도자를 향한 것이다. 정치가들이 자신이 백성보다 똑똑하다고 자부하면서 온갖 꼼수와 지배 이데올로기를 만들어 내고, 무지한 백성들의 교화를 위해 인의라는 도덕관념을 심으려고 하는 것을 비판한 발언으로 이해되기 때문이다. 백성들은 순진하고 소박하게 살면서도 충분히 행복해하며 욕심을 줄여 이웃과 더불어 잘 살아가고 있는데, 괜히 지배자들이 나타나서 이래라저래라 간섭하고 자신들의 이기적인 탐욕을 합리화하고 지배체제를 정당화하기 위한 지식을 만들어 낸다는 것이다.

이런 '지배의 지식'은 인간의 자유와 진정으로 행복한 삶을 위해 필요한 '해방의 지식'과는 달리 억압성을 띠며, 관료 충원을 위한 시험과 계층 상승 욕구에 바탕을 둔 학력 상승을 목표로 하는 교육제도를 통해 위에서 아래로 일방적으로 교육된다.

이러한 정치적, 교육적 상황에서 교활한 지혜와 인위적인 관념을 버리고 소박하고 순박함을 견지할 필요가 있음을 강조한 노자의 언명은 현재적 의미를 지닌다고 할 것이다.

20장

세상 사람과 다름

絕學無憂. 唯之與阿, 相去幾何? 善之與惡, 相去若何? 人之所畏, 不可
不畏.

절학무우. 유지여아, 상거기하? 선지여악, 상거약하? 인지소외, 불가
불외.

荒兮, 其未央哉! 衆人熙熙, 如享太牢, 如春登臺.

황혜, 기미앙재! 중인희희, 여향태뢰, 여춘등대.

我獨泊兮, 其未兆, 沌沌兮, 如嬰兒之未孩, 儽儽兮, 若無所歸.

아독박혜, 기미조, 돈돈혜, 여영아지미해, 루루혜, 약무소귀.

衆人皆有餘, 而我獨若遺. 我愚人之心也哉!

중인개유여, 이아독약유. 아우인지심야재!

俗人昭昭, 我獨昏昏. 俗人察察, 我獨悶悶. 澹兮其若海, 飂兮若無止.

속인소소, 아독혼혼. 속인찰찰, 아독민민. 담혜기약해, 료혜약무지.

衆人皆有以, 而我獨頑且鄙. 我獨異於人, 而貴食母.

중인개유이, 이아독완차비. 아독이어인, 이귀식모.

인위적인 것을 배우지 아니하면 근심이 없다. '예'와 '응' 사이의 거리가 얼마나 되겠는가? '아름다움'과 '추함' 사이의 거리는 또 얼마나 되겠는가? 백성들이 두려워하는 군주는 또 그 백성들을 두려워하지 않을 수 없다. 너무 넓어서 그 끝이 드러나지 않는구나. 사람들은 다 희희낙락하는구나, 큰 소를 잡아 잔치를 벌이는 것처럼, 봄날 누각에 오른 것처럼. 나 혼자 조용하구나, 아무 자취도 없이. 혼돈한 모습이구나, 마치 웃음도 아직 배우지 못한 갓난아기같이. 피곤에 지쳐 있구나, 돌아갈 곳이 없는 것같이. 사람들은 다 넉넉한데 나만 홀로 부족한 듯하다. 나는 바보 같은 마음을 가졌구나! 세상 사람들은 모두 다 빛나는데 나만 홀로 어둑하구나. 세상 사람들은 다 똑똑한데 나만 홀로 어눌하구나. 담담하기가 마치 바다와 같고, 바람결같이 어디에도 얽매이지 않는다. 사람들은 다 무엇인가를 하지만, 나만 홀로 완고해 쓸모가 없다. 나만 홀로 세상 사람들과 달라, 어미젖을 먹는 것처럼 귀하게 여긴다.

비움과 낮춤을 강조하는 노자는 경쟁에서 승리할 수 있는 학습을 포기하면 근심이 없어지고 평화로워진다고 했다. 멀리 보면 맞는 말이지만 현실 속에서는 참 바보처럼 보인다. 세상의 경쟁 논리에 적응한 사람은 매일 잔치를 벌이는 듯이 희희낙락하면서 살아가는데, 도를 따르는 사람은 혼자 부족하고 피곤하며 지쳐 있다. 한마디로 도를 따르는 사람은 속세의 부귀영화와는 거리가 먼 바보 같은 삶을 사는 것처럼 보인다는 것이다. 그러나 똑똑하고 잘나가는 사람과 달리 도를 따르는 사람은 고지식한 것 같지만 바다처럼 담담하고 바람결같이 어디에도 얽매이지 않고 자연스럽게 사는 자유와 평화를 누린다.

그런데 이 20장 맨 앞에 나오는 "절학무우絶學無憂"가 배우지 말고 무지몽매하라는 의미는 아니다. 명나라 감산憨山 스님은 이렇게 말했다.

"비록 성인이 배우기를 그쳤으나 무지몽매한 것은 아니고, 실은 배우지 않은 바가 없다. 세상 사람들이 지식과 분별을 넓히고 교지를 더해 물욕으로 치닫는 것을 배움이라 하는데, 성인은 망상과 분별을 놓아버리고 사사로운 정과 지혜를 잊고 외물을 멀리하여 욕심을 사라지게 하는 것을 배움이라고 한 것이다."

(감산, 오진탁 역,《감산의 노자 풀이》, 서광사, 1991)

21장

마음을 비움

孔德之容, 惟道是從.

공덕지용, 유도시종.

道之爲物, 惟恍惟惚. 惚兮恍兮, 其中有象, 恍兮惚兮, 其中有物.

도지위물, 유황유홀. 홀혜황혜, 기중유상, 황혜홀혜, 기중유물.

窈兮冥兮, 其中有精, 其精甚眞, 其中有信.

요혜명혜, 기중유정, 기정심진, 기중유신.

自今及古, 其名不去, 以閱衆甫. 吾何以知衆甫之狀哉! 以此.

자금급고, 기명불거, 이열중보. 오하이지중보지상재! 이차.

큰 덕의 모습은 오직 도를 따르는 것이다. 도라는 것은 있는 것 같으면서도 없고, 없는 것 같으면서도 있다. 없으면서도 있는 것 같되 그 가운데 형상이 있고, 있으면서도 없는 것 같되 그 가운데 사물이 있다. 그윽하고 어두워 그 가운데 정精이 있고, 그 정은 매우 참되어 그 가운데 미더움이 있다. 옛적부터 오늘에 이르기까지 그 이름이 사라지지 않아 만물의 근본을 알게 된다. 나는 무엇으로써 만물의 근본이 그러함을 아는가? 이것道으로써 안다.

21장은 도의 신비스러운 모습을 들으려 해도 들리지 않고 잡으려 해도 잡히지 않아 '황홀하다'고 표현한 14장과 맥락을 같이한다. 도라는 것은 있는 것 같으면서도 없고, 없는 것 같으면서도 있다. 이렇게 '황홀'하면서도 그 가운데 형상과 실물을 있게 하는 원리인 '정(精: 고갱이)'과 '진(眞: 참됨)'과 '신(信: 미더움)'이 있다는 것이다.

노자는 이러한 도를 체득한 것을 덕이라고 보기 때문에 이 장의 첫머리에서 "큰 덕의 모습은 오직 도를 따르는 것이다孔德之容, 惟道是從."라고 하였다. 이러한 덕은 유가儒家에서 말하는 인의도덕仁義道德과는 다르다. 유가에서는 가정과 사회의 질서를 유지하기 위해 인의예지仁義禮智를 강조하고, 인위적인 학습을 통해 이것이 몸에 배도록 교육한다. 그러나 노자의 도와 덕은 의도적인 작위 없이 무위자연의 상태에서 스스로 그렇게 형성되는 것이다.

유가는 유위有爲를 강조하고, 노자는 무위無爲의 길을 따른다.

22장

굽히고 겸손함

曲則全, 枉則直, 窪則盈, 敝則新, 少則得, 多則惑.

곡즉전, 왕즉직, 와즉영, 폐즉신, 소즉득, 다즉혹.

是以聖人抱一爲天下式. 不自見, 故明, 不自是, 故彰, 不自伐, 故有功, 不自矜, 故長.

시이성인포일위천하식. 불자현, 고명, 불자시, 고창, 불자벌, 고유공, 불자긍, 고장.

夫唯不爭, 故天下莫能與之爭. 古之所謂, 曲則全者, 豈虛言哉! 誠全而歸之.

부유부쟁, 고천하막능여지쟁. 고지소위, 곡즉전자, 기허언재! 성전이 귀지.

구부리면 온전해지고 굽히면 펴지고 파이면 차고 해지면 새로워지고 적으면 얻고 많으면 헷갈린다. 그러므로 성인은 하나를 한결같이 지녀 천하의 법도가 된다. 스스로 자신을 드러내지 않으므로 밝게 드러나고, 스스로 자신이 옳다고 주장하지 않으므로 인정받고, 스스로 뽐내지 않으므로 공功을 남기고, 스스로 자랑하지 않으므로 성숙한 인물이 된다. 대저 다투지를 아니하니 그러므로 천하에 더불어 싸울 자가 아무도 없다. 굽으면 온전하다는 옛말이 어찌 빈말이겠는가! 진실로 모든 일이 거기道로 귀결된다.

노자는 상투적인 관념을 깨트리기 위해 역설적 화법을 자주 사용한다. 자신이 옳다고 하지 않으므로 오히려 인정받고, 스스로 뽐내지 않으므로 공功이 있게 되고, 남과 다투지 아니하므로 천하에 더불어 싸울 자가 아무도 없다고 주장한다. 역설이지만 가만히 깊게 생각해 보면 옳은 이치를 담고 있는 말이다.

옳은 길을 가고 있는 사람은 굳이 자기가 가는 길이 옳다고 말할 필요가 없으며, 자신감이 있는 사람은 스스로 자랑할 필요를 느끼지 않는다. 땅이 파이면 물이 고이고 자신을 낮추면 덕이 쌓이고 사람이 모인다. 자신을 뒤로하고 남을 앞세우면 천하 사람이 공경한다.

도를 추구하는 사람은 자신을 굽히고 낮추기 때문에 남과 다툴 겨를도 없다.

23장

도와 함께

希言自然. 故飄風不終朝, 驟雨不終日. 孰爲此者? 天地.

희언자연. 고표풍부종조, 취우부종일, 숙위차자? 천지.

天地尚不能久, 而況於人乎?

천지상불능구, 이황어인호?

故從事於道者, 同於道, 德者, 同於德, 失者, 同於失.

고종사어도자, 동어도, 덕자, 동어덕, 실자, 동어실.

同於道者, 道亦樂得之, 同於德者, 德亦樂得之, 同於失者, 失亦樂得之.

동어도자, 도역락득지, 동어덕자, 덕역락득지. 동어실자, 실역락득지.

信不足焉, 有不信焉.

신부족언, 유불신언.

말을 아끼고 저절로 그러함에 맡겨라. 그러므로 매서운 바람은 아침 한 나절 내내 불지 않고 소나기는 온종일 내리지 않는다. 누가 이렇게 하는 가? 하늘과 땅이다. 하늘과 땅도 이렇게 오래 할 수 없는데 하물며 사람 이랴. 그러므로 모든 일을 도에 좇아서 하는 사람은 도와 같아지고 덕을 추구하는 사람은 덕과 같아지며, 도를 잃은 사람은 잃은 도가 없는 데에 동화된다. 도와 같아진 사람은 도 역시 즐거이 그를 취하고, 덕과 같아진 사람은 덕 역시 즐거이 그를 취하며, 도를 잃은 데 동화된 사람은 그 상실된 일이 즐거이 그를 취한다. 믿음이 부족하면 신임을 얻지 못한다.

(☽

매서운 바람은 아침 한나절 내내 불지 않고 소나기는 온종일 내리지 않는 것이 자연의 이치이다. '권불십년(權不十年: 권력은 영원하지 않다는 말)'이란 말처럼 아무리 힘 있는 정권도 국민의 지지를 받지 못하면 오래 유지될 수 없다. 군주가 아랫사람을 믿지 않으면 아랫사람은 불신으로 반응한다. 공자가 말했듯이 윗사람이 예로 아랫사람을 대할 때 아랫사람이 진실한 마음으로 윗사람을 섬긴다君使臣以禮, 臣事君以忠. 가장 강한 정부가 사실은 가장 허약한 정부인 경우가 많다. 민심을 잃으면 권력이 오래갈 수 없다.

톨스토이도 "하늘은 진실을 알지만 때가 되기를 기다린다God see the truth, but waits."라며 누구도 사필귀정事必歸正의 역사를 피할 수 없음을 지적하였다.

24장

쓸데없는 행동

企者不立, 跨者不行, 自見者不明, 自是者不彰, 自伐者無功, 自矜者不長.

기자불립, 과자불행, 자현자불명, 자시자불창, 자벌자무공, 자긍자부장.

其在道也, 曰 餘食贅行. 物或惡之, 故有道者不處.

기재도야, 왈 여식췌행. 물혹오지, 고유도자불처.

까치발로는 오래 서 있지 못하고, 가랑이를 벌리고는 멀리 가지 못한다. 스스로 자신을 드러내는 자는 드러나지 않고, 스스로 자기가 옳다고 하는 자는 빛나지 못하며, 스스로 자랑하는 자는 공功이 없고, 스스로 뻐기는 자는 지도자가 되지 못한다. 도道의 관점에서 보면 이런 것들은 음식 찌꺼기나 군더더기 같은 행동이라 하겠다. 만물은 이런 것들을 싫어한다. 그러므로 도를 지닌 사람은 이렇게 하지 않는다.

노자는 역설적 화법으로 우리의 고정관념을 뒤집고, 반언反言으로 우리를 혼란스럽게 한다. 그러나 그 역설과 반언 속에 부정할 수 없는 진실이 숨어 있고, 우리를 일깨우는 도道가 내포되어 있다.

　일을 하면 그 업적을 드러내고 싶고, 공을 세우면 그 공을 자랑하고 싶고, 자기가 하는 일이 옳다고 여기고, 남들에게 자신의 공적을 뻐기며 으스대고 싶은 게 인지상정인데, 노자는 그런 것들을 음식 찌꺼기나 쓸데없는 짓이라고 한다. 노자는 일을 하고 자랑하거나 뻐기지 말고, 공을 세우고 그것을 소유하거나 거기에 머물지 말고 떠나라고 한다. 자랑하지 않을 때 오히려 공이 생기며, 자기가 위대하다고 자처하지 않기에 결국 위대해진다는 것이다.

　장자도 "어진 일을 행하고도 스스로 어질다는 마음을 버리게 되면 어디에 간들 사랑과 존경을 받지 않겠는가行賢而去自賢之心, 安往而不愛哉."라고 하였다.

조급한 마음으로
남들이 알아주기 전에 먼저 나서고
자기가 한 일을 스스로가 자랑하고 나선다면
남들이 칭송할 것이 무엇이 있겠는가.
왼손이 한 일을 오른손이 모르게 하라고 하지 않았던가.

25장

도와 하늘, 땅, 사람

有物混成, 先天地生. 寂兮寥兮, 獨立而不改, 周行而不殆, 可以爲
天地母.

유물혼성, 선천지생. 적혜료혜, 독립이불개, 주행이불태, 가이위
천지모.

吾不知其名, 强字之曰道, 强爲之名曰大. 大曰逝, 逝曰遠, 遠曰反.

오부지기명, 강자지왈도, 강위지명왈대. 대왈서, 서왈원, 원왈반.

故道大, 天大, 地大, 人亦大. 域中有四大, 而人居其一焉.

고도대, 천대, 지대, 인역대. 역중유사대, 이인거기일언.

人法地, 地法天, 天法道, 道法自然.

인법지, 지법천, 천법도, 도법자연.

어떤 것道이 혼돈한 모습으로 이루어져 있으면서, 천지보다 앞서 살고 있다. 아무 소리도 없고 아무 모양도 없으며, 홀로 서서 바뀔 줄을 모르고, 두루 미치면서도 어그러지지 않으니 천지 만물의 어머니라 할 수 있다. 나는 그것의 이름을 모르지만 억지로 문자를 붙여 도道라 하고, 억지로 이름을 붙여 크다고 말할 뿐이다. 크기 때문에 미치지 않는 곳이 없고, 미치지 않는 데가 없으니 멀다고 하고, 멀리 가기에 돌아온다고 한다. 그러므로 도는 크고, 하늘은 크고, 땅은 크고, 사람 또한 크다. 이 세상에 네 가지 큰 것이 있는데, 사람이 그 가운데 한자리를 차지한다. 사람은 땅을 의지하고 본받으며, 땅은 하늘을 의지하고 본받으며, 하늘은 도를 의지하고 본받고, 도는 스스로 그러하다.

사람은 자기가 태어난 지역과 자연환경, 언어와 인문환경에 영향을 받는다. 하늘에서 비가 내리지 않으면 땅은 사막화되고, 비가 알맞게 내리면 땅은 비옥해져 뭇 생명이 잘 자란다. 하늘을 수놓고 있는 별들은 우주의 법칙을 따르고, 도道도 봄이 오면 꽃이 저절로 피고 새가 스스로 노래하는 자연의 순리를 따른다. 하상공의 주석처럼 도의 본성은 저절로 그러하니 따로 본받을 것이 없다道性自然, 無所法也.

이렇게 사람과 땅과 하늘은 서로 의지하고 영향을 주고받는다. 그런데 인간의 그칠 줄 모르는 탐욕은 자연을 파괴하고 하늘을 더럽혀, 급기야 우리가 마시는 강물이 더러워졌고 우리가 숨 쉬는 공기는 미세먼지와 이산화탄소로 가득 차게 되었다. 편리함과 욕망에 사로잡혀 자연이 병들면 인간도 병든다는 엄연한 사실을 외면해 온 자업자득이다.

"벌들은 이 꽃 저 꽃으로 다니면서 꿀을 조금씩 모은다. 그러면서도 꽃을 해치지 않는다. 저들이 얼마나 점잖고 자제할 줄 아는지 아는가. 하지만 인간들은 어떤가. 땅이 아낌없이 주는 것을 얻으면서도 한계를 모르고 땅이 고갈될 때까지 가려고 하지 않는가."

(사티쉬 쿠마르, 정도윤 역,《그대가 있어 내가 있다》, 달팽이출판, 2004)

에밀리 디킨슨Emily Dickinson도 이런 시를 남겼다.

"초원을 만들기 위해서는
 한 포기 클로버와 한 마리의 꿀벌이 필요하다네.
 그리고 몽상도.
 꿀벌이 없다면
 몽상만으로도 충분하다네."

(박혜영,《느낌의 0도》, 돌베개, 2018. 재인용)

26장

무거움은 가벼움의 근본

重爲輕根, 靜爲躁君. 是以君子終日行不離輜重.

중위경근, 정위조군. 시이군자종일행불리치중.

雖有榮觀, 燕處超然. 奈何萬乘之主, 而以身輕天下?

수유영관, 연처초연. 내하만승지주, 이이신경천하?

輕則失根,* 躁則失君.

경즉실근, 조즉실군.

무거움은 가벼움의 근원이요, 고요함은 조급함의 주인이다. 그러므로 성인은 종일 길을 가는데 양식을 실은 수레와 떨어지지 않고, 비록 화려한 생활이 있더라도 초연한 자세로 편안하게 살아간다. 어찌 천자의 신분으로 몸을 경솔하게 해서 천하를 다스리겠는가? 가벼우면 근원을 잃고 조급하면 자기의 주체를 잃는다.

---

* "경즉실근輕則失根"의 '근根'은 왕필본에는 '본本'으로 되어 있으나, 왕보시본王輔嗣本을 따랐다.

감산 스님은 '중重'을 몸으로, '경輕'을 몸 밖의 사물인 부귀와 공명으로 보았다. 몸은 자기 생명의 근원이니 당연히 귀중한 것이고, 공명과 이익, 명예는 자기 밖의 것으로 가볍다는 것이다.

이런 경중을 모른 채 신중하지 않고 조급하게 서두르다 보면 일을 그르치게 된다. 먼 길을 가거나 높은 산을 등산할 때는 비상시를 대비해 충분한 양식과 여유 있는 스케줄이 필요하다. 갑작스러운 소나기와 거센 바람이 불어 조난되기도 하고, 순식간에 불어난 계곡물로 길이 끊어지는 경우도 있기 때문이다.

정치할 때도 마찬가지다. 깊은 생각과 계획 없이 경솔하게 일을 벌이고 성급한 성과를 이루려고 서두르다 보면 일이 제대로 되지 않고 나라의 근본인 백성들의 신임만 잃게 된다.

뿌리가 깊은 나무가 바람에 흔들리지 않는 법이다.

　"나무가 춤을 추면 바람이 불고
　나무가 잠잠하면 바람도 자오."

(윤동주, 〈나무〉)

윤동주의 시 〈나무〉에 대해 김응교 선생은 "세상의 중심은 바람이 아니라 나무다. 흙에 뿌리내리고 있는 나무가 이 세상의 중심이며 주인이다."라고 해설했다(김응교, 《처럼》, 문학동네, 2016).

27장

사람과 만물의 선용

善行無轍迹, 善言無瑕謫, 善數不用籌策, 善閉無關楗而不可開, 善結無繩約而不可解.

선행무철적, 선언무하적, 선수무용주책, 선폐무관건이불가개, 선결무승약이불가해.

是以聖人常善救人, 故無棄人, 常善救物, 故無棄物, 是謂襲明.

시이성인상선구인, 고무기인, 상선구물, 고무기물, 시위습명.

故善人者, 不善人之師, 不善人者, 善人之資.

고선인자, 불선인지사, 불선인자, 선인지자.

不貴其師, 不愛其資, 雖智大迷, 是謂要妙.

불귀기사, 불애기자, 수지대미, 시위요묘.

잘 가면 자취를 남기지 않고, 잘한 말은 허물을 남기지 않으며, 셈을 잘하는 자는 주판을 쓰지 않고, 잘 닫힌 것은 빗장을 걸지 않아도 열 수 없고, 잘 묶은 것은 노끈을 쓰지 않아도 풀 수 없다. 그러므로 성인은 언제나 사람을 잘 구해 쓰기 때문에 버려둔 사람이 없고, 물건을 잘 구해 쓰기 때문에 버려둔 물건이 없다. 이를 일컬어 밝음明을 지녔다 한다. 그러므로 좋은 사람은 좋지 못한 사람의 스승이고, 잘못하는 사람은 잘하는 사람의 거울이다. 그 스승을 귀하게 여기지 않고 거울을 아끼지 않으면 비록 안다고 하나 크게 미혹될 것이다. 이를 일컬어 요묘(要妙: 무위자연의 도)라 한다.

길을 잘 가는 사람은 발자취를 남기지 않는다. 서산대사西山大師도 "눈 내린 들판을 걸어갈 때 어지럽게 가지 말지니. 오늘 내가 간 발자취가 뒷사람의 길잡이가 될 수 있으리니踏雪野中去, 不須胡亂行. 今日我行跡, 遂作後人程."라는 선시를 남겼다.

가장 좋은 선행은 오른손이 하는 일을 왼손이 모르게 하는 것이고, 가장 건강한 상태는 자기 몸을 의식하지 않을 정도로 자연스러운 상태이며, 가장 훌륭한 정치는 지도자가 누구인지 모르도록 티내지 않고 조용히 하는 것이고, 가장 훌륭한 교사는 학생들이 선생님을 의식하지 않고 스스로 즐겁게 공부할 수 있는 분위기를 만들어 주는 사람이다.

애정으로 사람을 보면 그 사람의 장점이 보이고, 지혜로써 사물을 보면 그것을 어디에 써야 할지 안다는 노자의 말씀. 속이 좁은 선생은 늘 학생을 꾸중하고 슬기롭지 못한 목수는 나무를 탓한다.

일본의 궁목수 니시오카 츠네카츠는《나무의 마음 나무의 생명》(삼신각, 1996)에서 "성깔 있는 나무는 사용하기 어렵지만 살릴 수만 있다면 오히려 뛰어난 것이 된다."라고 하였다.

28장

강함을 알고 부드러움을 지키면

知其雄, 守其雌, 爲天下谿. 爲天下谿, 常德不離, 復歸於嬰兒.

지기웅, 수기자, 위천하계. 위천하계, 상덕불리, 복귀어영아.

知其白, 守其黑, 爲天下式. 爲天下式, 常德不忒, 復歸於無極.

지기백, 수기흑, 위천하식. 위천하식, 상덕불특, 복귀어무극.

知其榮, 守其辱, 爲天下谷. 爲天下谷, 常德乃足, 復歸於樸.

지기영, 수기욕, 위천하곡. 위천하곡, 상덕내족, 복귀어박.

樸散則爲器, 聖人用之, 則爲官長, 故大制不割.

박산즉위기, 성인용지, 즉위관장, 고대제불할.

그 남성성을 알고 그 여성성을 지키면 천하의 계곡이 된다. 천하의 계곡
이 되면 언제나 덕이 떠나질 않아 갓난아기의 상태로 되돌아간다. 그 백
색을 알고 그 흑색을 지키면 천하의 모범이 된다. 천하의 모범이 되면
언제나 덕이 어긋나질 않아 한계가 없는 곳으로 되돌아간다. 그 영광스
러움을 알고 욕됨을 지키면 천하의 골짜기가 된다. 천하의 골짜기가 되
면 언제나 덕이 곧 넉넉하게 되어 질박한 통나무로 되돌아간다. 통나무
를 쪼개면 그릇이 된다. 성인은 이런 이치를 써서 통치자 노릇을 한다.
그러므로 큰 만듦은 가르지 않는다.

강함을 알면서도 부드럽게 살아가면 모든 이를 포용할 수 있다. 밝음과 영광스러움을 알면서도 어두움과 욕됨을 잘 견디면 넉넉하고 질박하여 천하의 모범이 되고 천하의 골짜기가 된다.

어진 지도자는 사람과 사물을 그 그릇과 역량에 맞추어 사용한다. 자기 기준에 따라 가르거나 재단하지 않고 그대로 잘 사용한다. 그래서 큰 만듦은 가르지 않는다大制不割고 한 것이다.

노자의 이런 사상을 이어받은 장자는 〈소요유〉에서 "큰 나무가 쓸데없다고 해서 벨 것이 아니라 들판에 심어 그 나무 아래에서 낮잠을 자는 게 좋고, 박 씨를 심어 큰 박이 열렸다면 그것을 쪼개어 바가지로 쓸 것이 아니라 바다에 배로 띄워 천하를 유람하는 게 낫다."라고 했다.

지나침을 버림

將欲取天下而爲之, 吾見其不得已.

장욕취천하이위지, 오견기부득이.

天下神器, 不可爲也, 不可執也. 爲者敗之, 執者失之.

천하신기, 불가위야, 불가집야. 위자패지, 집자실지.

夫物或行或隨, 或歔或吹, 或强或羸, 或載或隳.

부물혹행혹수, 혹허혹취, 호강혹리, 혹재혹휴.

是以聖人去甚, 去奢, 去泰.

시이성인거심, 거사, 거태.

천하를 손에 넣고자 하여 애쓰는 자가 있는데, 나는 그가 천하를 손에 넣지 못하는 것을 보았을 따름이다. 천하는 신령스러운 그릇이니 사람이 어떻게 할 수가 없는 것이다. 억지로 하는 자는 실패하고 움켜잡는 자는 잃는다. 무릇 사물이란 앞서가는 게 있는가 하면 뒤따라가는 게 있고, 들이마시는 것이 있으면 내뿜는 것이 있고, 어떤 것은 강하여 힘이 세고 어떤 것은 여위어서 힘이 없고, 위로 실려지는가 하면 아래로 허물어져 떨어지기도 한다. 그러므로 성인은 지나침을 버리고 사치스러움을 버리며 교만함을 버린다.

물이 들어오지 않는데 어떻게 배를 띄울 수가 있겠는가. 아무리 힘이 세다고 하더라도 맨땅에서 배를 억지로 끌고 갈 수는 없다. 물이 들어오면 저절로 배가 뜨고 바람이 불면 배가 움직인다. 이것이 자연의 이치다. 억지로 해서는 망하며, 지나치면 실패한다.

그래서 천하를 경영하려는 지도자는 탐욕과 음란같이 심함을 피하고 통나무처럼 순박해야 하며, 음식과 의복의 사치스러움을 경계하고 소박한 생활을 해야 하며, 큰 궁궐과 화려한 누각같이 지나친 호화생활을 해서는 안 된다.

텅 비워야 비로소 '도'가 자랄 수 있다. 불교에서는 텅 비움으로써 꽉 채울 수 있는 경지를 '진공묘유眞空妙有'라고 한다.

30장

군대 사용을 절제함

以道佐人主者, 不以兵强天下. 其事好還. 師之所處, 荊棘生焉.

이도좌인주자, 불이병강천하. 기사호환. 사지소처, 형극생언.

大軍之後, 必有凶年. 善有果而已, 不敢以取强.

대군지후, 필유흉년. 선유과이이, 불감이취강.

果而勿矜, 果而勿伐, 果而勿驕, 果而不得已, 果而勿强.

과이물긍, 과이물벌, 과이물교, 과이부득이, 과이물강.

物壯則老, 是謂不道, 不道早已.

물장즉노, 시위부도, 부도조이.

도로써 임금을 돕는 자는 군대를 강하게 하여 천하를 다스리게끔 하지 않는다. 그 일은 반드시 대갚음을 받는다. 군사를 일으켰던 곳에는 가시덤불이 자라고, 큰 군대가 지나간 뒤에는 반드시 흉년이 든다. 그런 까닭에 용병을 잘하는 자는 목적을 겨우 이룰 따름이요, 감히 강함을 취하려고 하지 않는다. 목적을 이루고 나서 뻐기지 않고, 목적을 이루고 나서 자랑하지 않고, 목적을 이루고 나서 교만하지 않고, 목적을 이루되 마지못해서 하고, 목적을 이루되 강하게 굴지 않는다. 모든 사물은 강장强壯해지면 노쇠하니, 이를 일컬어 도道에 어긋난다고 한다. 노에 어긋나면 일찍 끝난다.

나라를 경영하는 데 가장 하수는 살인의 방법을 사용하는 것이다. 국내 정치에서 사형을 자주 집행하고, 영토 욕심과 세금을 내는 백성의 수를 늘리려는 탐욕 때문에 밥 먹듯이 전쟁을 벌이는 지도자는 전쟁 영웅이 아니라 집단 살인을 저지르는 인류의 공적이다.

'무武' 자는 그칠 '지止' 자와 창 '과戈' 자가 결합한 회의會意 문자이듯이, 군대의 원래 임무는 민생을 보호하고 평화를 유지하기 위해 최소한의 억지력을 행사하고, 궁극적으로는 무력 사용을 그치는 '언무偃武'를 목표로 삼는다. 평화와 생명 존중을 추구하는 사람들은 해가 밝게 떠오르는 동쪽을 높이고, 전쟁을 일삼고 무기를 들고 설치는 군인들은 어둠과 죽음의 영역인 서쪽을 높인다. 그래서 임금이 남쪽의 태양을 바라보고 남면南面할 때 문반은 동쪽에 도열하고, 무반은 서쪽에 선다.

전쟁은 국가적 규모의 집단 테러 행위이다. 집권자의 야욕 때문에 벌어진 전쟁으로 귀한 생명이 희생되고 과부와 고아가 발생한다. 일반 백성은 삶의 터전을 잃고 유랑하며, 농토는 쑥대밭이 된다. 전쟁은 보복 전쟁을 낳고, 전쟁이 끝나면 나라가 황폐해진다. 평화를 위한 전쟁은 없다. 국토방위와 생명 보호를 위한 최소한의 방어 전쟁만 필요할 뿐이다.

31장

무력 사용을 그치게 함

夫兵者,* 不祥之器, 物或惡之, 故有道者不處.

부병자, 불상지기, 물혹오지, 고유도자불처.

君子居則貴左, 用兵則貴右. 兵者不祥之器, 非君子之器.

군자거즉귀좌, 용병즉귀우. 병자불상지기, 비군자지기.

不得已而用之, 恬淡爲上. 勝而不美, 而美之者, 是樂殺人.

부득이이용지, 염담위상. 승이불미, 이미지자, 시락살인.

夫樂殺人者, 則不可得志於天下矣.

부락살인자, 즉불가득지어천하의.

吉事尚左, 凶事尚右. 偏將軍居左, 上將軍居右. 言以喪禮處之.

길사상좌, 흉사상우. 편장군거좌, 상장군거우. 언이상례처지.

殺人之衆, 以哀悲泣之, 戰勝以喪禮處之.

살인지중, 이애비읍지, 전승이상례처지.

---

* "부병자夫兵者"가 왕필본에는 "부가병자夫佳兵者"라고 되어 있으나 문맥에 맞지 않아 백서본을 따랐다.

무릇 군대병장기란 상서롭지 못한 기물이어서 모든 이가 그것을 싫어한다. 그러므로 도를 따르는 자는 그것을 사용하지 아니한다. 군자는 평상시에는 (밝음과 생명의 영역인) 왼쪽을 높이고, 전쟁할 때는 (어둠과 죽음의 영역인) 오른쪽을 높인다. 병기는 상서롭지 못한 기물이어서 군자의 기물이 아니다. 어쩔 수 없이 그것을 써야 할 때도 초연하고 담담하게 쓰는 것이 제일 좋다. 승리하고도 그것을 아름답게 여기지 않는다. 만일 그것을 아름답게 여긴다면 살인을 즐기는 꼴이 된다. 무릇 살인하기를 좋아하는 자는 천하에 뜻을 얻을 수 없다. 그러므로 길吉한 일에는 왼편을 숭상하고, 흉凶한 일에는 오른편을 숭상하니, 이런 까닭으로 부장副將은 왼쪽에 자리하고 상장上將은 오른쪽에 자리하거니와, 이는 전쟁을 상례喪禮 의식으로 여기는 것을 말한다. (전쟁은) 많은 사람을 죽이는 것이므로 슬피 울어 애도해야 하는 것이다. 그러므로 전쟁에서 이겼더라도 상례를 갖추어야 한다.

하상공의 말처럼 군자는 덕을 중시하고 무기를 천시하며, 어쩔 수 없을 때만 죽일 뿐 살인을 좋게 여기지 않는다. 그래서 전쟁에서 이겼더라도 죽음을 슬퍼하며 상례를 갖추어야 한다는 것이다.

백범 김구 선생은 군사력을 동원해서 부강한 패권국가를 이룩하려는 꿈을 버리고, 문화가 만발하는 아름다운 문화국가를 추구했다. 백범의 문화국가 건설론은 사상의 자유, 무위자연의 정치, 주체적 문화 보존, 화해의 철학 등을 구성 요소로 하여 궁극적으로 평화주의와 세계대동주의를 지향하고 있다는 점에서 노자의 소국과민론小國寡民論과 공자의 사해형제론四海兄弟論을 계승한 평화의 정치철학이라 할 수 있다.

"나는 우리나라가 세계에서 가장 아름다운 나라가 되기를 원한다. 오직 한없이 가지고 싶은 것은 높은 문화의 힘이다. 문화의 힘은 우리 자신을 행복하게 하고, 나아가서 남에게 행복을 주기 때문이다."

(김구, 〈내가 원하는 우리나라〉)

오늘날에도 자기 정권의 안보를 위해 과잉 민족주의를 부추기며 군사 대국을 꿈꾸는 못난 지도자들이 있지만, 평화를 염원하는 세계 대다수의 시민들은 노자가 말하는 생명 존중과 평화라는 가치에 공감한다. 이러한 인류 보편의 염원을 저버리고 핵무기와 대량 살상 무기를 생산하고 군비를 확충하는 정치가나 군산복합체 경영자들은 노자의 말대로 '무도無道'한 자들이라 할 것이다.

32장

소박하나 두루 미침

道常無名, 樸. 雖小, 天下莫能臣. 侯王若能守之, 萬物將自賓.

도상무명, 박. 수소, 천하막능신. 후왕약능수지, 만물장자빈.

天地相合, 以降甘露, 民莫之令而自均.

천지상합, 이강감로, 민막지령이자균.

始制有名, 名亦旣有, 夫亦將知止, 知止可以不殆.

시제유명, 명역기유, 부역장지지, 지지가이불태.

譬道之在天下, 猶川谷之於江海.

비도지재천하, 유천곡지어 강해.

도는 항상 이름이 없고 통나무처럼 질박하다. 비록 미약하지만 세상의 누구도 그것을 신하로 부릴 수 없다. 임금이 그것을 지킬 수 있으면 만물은 스스로 와서 따를 것이다. 하늘과 땅이 화합하여 단이슬을 내리듯이, 백성들은 명령을 내리지 않아도 저절로 고르게 된다. (만물이) 생겨나면 이름이 있게 된다. 이미 이름이 있게 되면 한계가 있는 것을 알아야 한다. 한계를 알아 멈출 줄 알면 위태롭지 않게 된다. 도가 이 세계에 있는 것을 비유하면, 골짜기의 물이 강과 바다로 흘러가는 것과 같다.

이 장에서는 도의 존재론적 측면을 이야기한 1장을 좀 더 구체적으로 부연 설명하고 있다. 여기서 노자는 도가 처음에는 이름이 없고 현묘해서 말하기 어렵지만, 만물이 생겨나면 이름이 있게 된다고 말한다. 도는 통나무처럼 질박하지만 하늘과 땅이 서로 조화를 이루듯이 저절로 그러하게 만드는 능력이 있다. 골짜기의 물이 강과 바다로 흘러가는 것과 같이 이 세상을 움직인다. 그러나 매사에는 기능과 역기능이 있듯이 흐를 때는 흐르지만 멈출 때는 멈출 줄 알아야 한다는 것이다.

그칠 줄 알면 위태롭지 않고, 만족할 줄 알면 욕을 당하지 않는다.

33장

분별의 지혜

知人者智, 自知者明. 勝人者有力, 自勝者强.

지인자지, 자지자명. 승인자유력, 자승자강.

知足者富, 强行者有志, 不失其所者久, 死而不亡者壽.

지족자부, 강행자유지, 불실기소자구, 사이불망자수.

다른 사람을 아는 자는 지혜롭고, 자신을 아는 자는 현명하다. 다른 사람을 이기는 자는 힘이 있고, 자신을 이기는 자는 그 뜻이 굳세다. 만족할 줄을 아는 자는 부유하고, 힘써 행하는 자는 뜻이 있으며, 그 있을 근본의 자리를 잃지 않는 자는 오래가고, 몸이 죽어도 잊히지 않는 자는 영원히 산다.

다른 사람이 하는 말의 핵심을 잘 알아듣고 역사적 경험을 오늘에 되살릴 줄 아는 이는 지혜로운 사람이다. 자신의 처지를 객관적으로 인식하고 자신의 능력과 한계를 정확히 아는 이는 현명한 사람이다. 남보다 뛰어난 사람은 평소에 실력을 쌓은 사람이며, 자신의 감정과 욕심을 통제할 수 있는 사람은 참으로 강한 사람이다. 만족할 줄 아는 사람보다 더 큰 부자는 없고, 흔들리지 않고 바르게 정진할 수 있는 것은 확고한 지향이 있기 때문이다. 항상 중심을 잃지 않고 근본 도리를 지키면 오래 유지될 수 있고, 죽어도 그 명성이 사람들에게 오래 기억되어 영원히 살 것이다.

34장

자연스럽고 겸손하게

大道氾兮, 其可左右. 萬物恃之以生而不辭, 功成而不名有, 衣養萬物
而不爲主.

대도범혜, 기가좌우. 만물시지이생이불사, 공성이불명유, 의양만물
이불위주.

常無欲, 可名於小. 萬物歸焉而不爲主, 可名爲大.

상무욕, 가명어소. 만물귀언이불위주, 가명위대.

以其終不自爲大, 故能成其大.

이기종부자위대, 고능성기대.

큰 도는 범람하는 물과 같아서 왼쪽과 오른쪽에 두루 미친다. 만물이
그것을 의지하여 태어나고 자라지만 어느 것 하나 물리치지 아니하고,
공을 이루되 이름을 드러내지 않으며, 만물을 양육하면서도 주인 노릇
을 하지 않는다. 늘 욕심이 없기에 작다는 이름을 붙일 수 있다. 만물이
그 품에 돌아오지만 그것들의 주인 행세를 하지 않기에 크다는 이름을
붙일 수 있다. 스스로 위대하다고 생각하지 않으니, 그래서 위대함을
이룬다.

성인은 평생 진리를 전파하고 인류를 사랑하면서도 티를 내거나 자취를 남기지 않기에 참으로 위대하다고 칭송받는다. 선을 행하고도 선하다는 마음을 갖지 않고, 스스로를 위대하다고 생각하지 않기에 더욱 위대한 존재가 된다.

기독교《성경》에 "낮추면 높아질 것이고, 자기를 높이려고 하면 낮아질 것이다."라는 말이 있듯이, 노자도 "도는 두루두루 그 영향을 미치고 편재하지만, 자기를 드러내지 않는다."라고 말한다. 일을 하고도 자랑하지 않고, 공을 세우고도 그 자리에 연연하지 않고, 만물을 다 길러 내면서도 주인 노릇을 하지 않는 자연이야말로 우리가 본받아야 할 스승이라는 것이다.

그러나 우리 인간은 어디 그러한가.

일한 뒤에는 말이 많아지고, 공을 세우면 자랑하고 싶고, 잘된 자식은 내가 잘 키워서 그렇게 된 것이고, 훌륭한 제자는 내가 잘 가르쳐서 그렇게 된 것이라고 하지 않는가.

35장

단순하고 평범하게

執大象, 天下往. 往而不害, 安平太.

집대상. 천하왕. 왕이불해. 안평태.

樂與餌, 過客止, 道之出口, 淡乎其無味.

악여이. 과객지. 도지출구. 담호기무미.

視之不足見, 聽之不足聞, 用之不足旣.

시지부족견. 청지부족문. 용지부족기.

큰 형상道을 잡고 있으면 천하가 그리로 돌아간다. 그리로 돌아가서는 서로 해를 입히지 않으니 안전하고 평온하고 태평하다. 듣기 좋은 음악과 맛있는 음식은 지나가는 나그네의 발길을 멈추게 하지만, 도는 언어로 표현해 봐도 심심하고 아무런 맛도 없다. 그것은 보려 해도 볼 수가 없고, 그것은 들으려 해도 들을 수가 없으며, 그것은 아무리 써도 다함이 없다.

고려 속요 〈청산별곡青山別曲〉에서 사슴 가면을 쓴 악사가 짐대에 올라가 음악을 연주하고 술 냄새가 코끝을 자극하면 걸음을 멈춘다고 했듯이, 아름다운 음악과 맛있는 음식은 우리를 유혹한다. 그러나 도는 담담하기만 해서 아무런 맛도 흥미도 없다.

　도는 무지개처럼 화려하지 않아 시선을 끌지도 않고, 아름다운 선율처럼 울리지도 않으며, 잘 들리지도 않아 심심하다. 그러나 도를 따르면 안전하고 평온하고 태평해지며, 이런 도는 샘물처럼 아무리 써도 마르지 않는다.

36장

보이지 않는 빛

將欲歙之, 必固張之, 將欲弱之, 必固强之,

장욕흡지, 필고장지, 장욕약지, 필고강지,

將欲廢之, 必固興之, 將欲取之, 必固與之. 是謂微明.

장욕폐지, 필고흥지, 장욕취지, 필고여지, 시위미명.

柔弱勝剛强, 魚不可脫於淵, 國之利器不可以示人.

유약승강강, 어불가탈어연, 국지리기불가이시인.

장차 접으려 하면 반드시 펴야 하고, 장차 약하게 하려면 반드시 강하게 해야 하고, 장차 없애려고 하면 반드시 흥하게 해야 하고, 장차 빼앗고자 하면 반드시 줘야 한다. 이를 일컬어 보이지 않는 빛이라 한다. 부드럽고 약한 것이 단단하고 강한 것을 이기고, 물고기는 연못을 벗어날 수 없으며, 나라의 날카로운 도구로 인민을 위협해서는 안 된다.

여기서는 노자의 핵심 사상인 부드러움과 약함에 대해 말하고 있다. 부드러운 물이 타오르는 불을 끄고, 약한 봄바람이 단단한 얼음덩어리를 녹인다. 말하자면, 부드러운 여성성이 강한 남성성을 이기는 도의 이치를 논하고 있다. 도는 물고기가 자기를 드러내지 않고 조용히 물속에 잠겨 있듯이 은밀하게 감추어져 있다.

부드럽고 약하게, 조용하고 은밀하게, 없는 듯하면서도 어디에나 있으면서 보이지 않는 빛微明을 내는 게 도이다.

37장

무위지심으로 하는 정치

道常無爲而無不爲.

도상무위이무불위.

侯王若能守之, 萬物將自化. 化而欲作, 吾將鎭之以無名之樸.

후왕약능수지, 만물장자화. 화이욕작, 오장진지이무명지박.

鎭之以無名之樸, 夫將不欲. 不欲以靜, 天下將自正.

진지이무명지박, 부장불욕. 불욕이정, 천하장자정.

도는 항상 작위적으로 하는 것이 없지만 이루어지지 않는 것이 없다. 임금이 만일 이런 이치를 지킬 수 있으면 만물은 저절로 교화될 것이다. 교화하되 의욕이 일어나면 나는 아직 이름이 붙지 않은 순박함으로 가라앉힐 것이다. 이름이 붙지 않은 순박함으로 가라앉히면 탐욕이 일어나지 않는다. 욕망하지 않은 채 고요하게 있으면 이 세상은 저절로 바르게 될 것이다.

공자는 나라를 법과 형벌로써 다스리지 말고 예와 덕으로 인도해야 한다고 했다. 왕이나 지도자가 자신이 지닌 공권력으로 통치하지 않고 덕치와 예치를 통해 천하의 평화를 도모해야 한다는 것은 무소불위의 봉건 시대에 돋보이는 정치철학이다.

그런데 노자는 자기의 마음을 비운 무위지심無爲之心으로 정치를 하면 되지 않는 일이 없다고 말한다. 임금이 이렇게 무위의 정치를 하면 만물이 저절로 교화되고 백성들은 탐욕을 부리지 않고 순박하게 된다는 것이다. 욕심이 있는 자리에 무위의 도를 두면 세상이 저절로 바르게 될 것이라 한다.

노자의 이러한 무위의 철학은 "내 뜻대로 마옵시고 당신 뜻대로 하옵소서."라고 한 예수의 마음이나, "나를 당신의 도구로 써 주소서."라고 기도한 성 프란시스코의 마음과 같은 것이 아닐까.

하편: 〈덕경德經〉

38장

도덕과 인의

上德不德, 是以有德, 下德不失德, 是以無德.

상덕부덕, 시이유덕, 하덕불실덕, 시이무덕.

上德無爲而無以爲, 下德無爲而有以爲.

상덕무위이무이위, 하덕무위이유이위.

上仁爲之而無以爲, 上義爲之而有以爲.

상인위지이무이위, 상의위지이유이위.

上禮爲之而莫之應, 則攘臂而扔之.

상례위지이막지응, 즉양비이잉지.

故失道而後德, 失德而後仁, 失仁而後義, 失義而後禮.

고실도이후덕, 실덕이후인, 실인이후의, 실의이후예.

夫禮者, 忠信之薄, 而亂之首. 前識者, 道之華, 而愚之始.

부예자, 충신지박, 이란지수. 전식자, 도지화, 이우지시.

是以大丈夫處其厚, 不居其薄, 處其實, 不居其華. 故去彼取此.

시이대장부처기후, 불거기박, 처기실, 불거기화. 고거피취차.

높은 덕을 지닌 사람은 덕이 있다고 생각하지 않는다. 그래서 덕이 있다. 낮은 덕을 지닌 사람은 덕을 잃지 않으려고 한다. 그래서 덕이 없다. 높은 덕은 무위하면서 고의로 하려는 것이 없다. 낮은 덕은 무위하는 것 같지만 인위적으로 한다. 높은 인은 행하되 인위적으로 하는 것이 없다. 높은 의는 행하되 인위적으로 하며, 가장 높은 예는 행하되 상대방이 합당한 예를 갖추어 응하지 않으면 팔을 걷어붙이고 억지로 끌어당긴다. 이런 까닭으로 사람들은 도를 잃은 뒤에 덕을 말하고, 덕을 잃은 뒤에 인을 말하며, 인을 잃은 뒤에 의를 말하고, 의를 잃은 뒤에 예를 말한다. 무릇 예라는 것은 진실하고 신실한 마음이 얄팍해진 결과이며 혼란의 원인이 된다. 먼저 아는 것은 도의 꽃이지만 어리석음의 시작이 된다. 그러므로 대장부는 도의 두터움에 처하되 도의 얇음에 처하지 않으며, 도의 열매에 처하되 그 꽃에 처하지 않는다. 그런 까닭에 저것얇음과 꽃을 버리고 이것두터움과 열매을 잡는다.

상편 〈도경道經〉에서는 도의 존재론적 측면에 대해 말했다면, 하편 〈덕경德經〉에서는 도의 기능적인 측면에 대해 말한다. 먼저 "상덕부덕上德不德"이라는 반어법으로 덕이 높은 사람은 덕을 의식하지 않고, 의도적으로 덕을 베풀려고 하지 않으면서도 물이 흘러가듯이 자연스럽게 남을 감화시킨다고 말한다. 그런데 덕이 낮은 사람은 인위적으로 덕을 행하고 남에게 티를 낸다. 그리고 도와 덕을 상실한 사람은 예법을 강조하면서 힘과 제도로 사람들을 강제하려 한다. 이것은 하수의 방법이다.

정치할 때와 마찬가지로 교육할 때도 훌륭한 교사는 억지로 학생을 따르게 하지 않고 저절로 그러하게 만든다.

"뛰어난 교사는 힘 있는 교사가 되려고 애쓰지 않는다. 그런데도 진정 힘이 있다. 보통 교사는 힘을 지니려고 한다. 그런데 넉넉한 힘을 지니지 못한다. 슬기로운 교사는 아무 일도 하지 않는다. 그런 데도 그가 하지 않은 일이 없다. 보통 교사는 언제나 바쁘다. 그런 데도 아직 못 한 일이 많다. 인자한 교사는 무엇인가를 한다. 그런 데도 아직 못 한 일이 좀 있다. 고지식한 교사는 무엇인가를 한다. 그런데도 할 일이 많이 남아 있다. 엄격한 교사는 무엇인가를 한다. 그리고 학생들이 반응을 보이지 않으면 폭력을 쓴다."

(파멜라 메츠, 《배움의 도》, 민들레, 2015)

39장

하나의 힘

昔之得一者, 天得一以淸, 地得一以寧, 神得一以靈,

석지득일자, 천득일이청, 지득일이녕, 신득일이령,

谷得一以盈, 萬物得一以生, 侯王得一以爲天下正.

곡득일이영, 만물득일이생, 후왕득일이위천하정.

其致之也, 謂天無以淸, 將恐裂, 地無以寧, 將恐發, 神無以靈, 將恐歇,

기치지야, 위천무이청, 장공렬, 지무이녕, 장공발, 신무이령, 장공헐,

谷無以盈, 將恐竭, 萬物無以生, 將恐滅, 侯王無以貴高, 將恐蹶.

곡무이영, 장공갈, 만물무이생, 장공멸, 후왕무이귀고, 장공궐.

故貴以賤爲本, 高以下爲基. 是以侯王自稱孤, 寡, 不穀.

고귀이천위본, 고이하위기. 시이후왕자칭고, 과, 불곡.

此非以賤爲本邪? 非乎? 故至譽無譽.*

차비이천위본야? 비호? 고지예무예.

是故不欲琭琭如玉, 珞珞如石.

시고불욕녹록여옥, 낙락여석.

옛날에 하나道를 얻은 것들이 있으니, 하늘은 하나를 얻어서 맑고, 땅은 하나를 얻어서 평안하고, 신은 하나를 얻어서 신령하고, 골짜기는 하나를 얻어서 가득 차고, 만물은 하나를 얻어서 생장하고, 임금은 하나를 얻어서 천하를 바르게 한다. 이것을 미루어 말하면, 하늘이 맑지 못하면 아마도 찢어질 것이고, 땅이 평안하지 못하면 아마도 터질 것이며, 신이 신령하지 못하면 쉬게 될 것이고, 골짜기가 차지 않으면 마를 것이며, 만물이 나지 않으면 없어질 것이고, 임금이 고귀하기만을 고집하면 아마도 거꾸러질 것이다. 그러므로 귀한 것은 천한 것으로 본을 삼고, 높은 것은 낮은 것으로 바탕을 삼는다. 이런 까닭에 임금은 자신을 가리켜 외로운 자, 덕德이 모자라는 자, 선하지 못한 자라고 일컫거니와 이야말로 천한 것을 근본으로 삼음이 아닌가? 그렇지 아니한가? 그러므로 지극한 명예는 명예를 의식하는 법이 없다. 그런 까닭에 옥처럼 화려해지려 하지 말고, 돌처럼 견실하라.

---

* '지극한 명예는 명예를 의식하는 법이 없다'는 뜻의 원문인 "지예무예至譽無譽"는 왕필본에서는 '수레의 부품을 헤아리면 수레 전체를 볼 수 없다'는 의미의 "치수여무여致數輿無輿"로 되어 있다. 그러나 문맥이 부자연스러워 제가의 견해를 참고하고《장자》〈지락至樂〉편의 표기를 따라 "지예무예至譽無譽"로 확정하였다.

공자는 "내 도는 하나로 관통하는 것이다吾道, 一以貫之."라 하였고, 석가모니는 대자대비大慈大悲의 한마음을 지닐 것을 권면했다. 공자가 말한 '하나'는 진실한 용서忠恕, 곧 참된 사랑을 말하고, 석가의 '한마음'은 동체대비同體大悲를 말하는 것이다.

그런데 이 장에서 하늘과 땅은 '하나'를 얻어 맑고 편안하며, 만물은 '하나'를 얻어 생장한다고 할 때의 '하나'는 노자의 핵심 개념인 도道를 말한다. 도는 옥처럼 화려하지 않고 돌처럼 질박하며 자기를 낮추어 비천한 데 둔다. 그래서 임금도 자기를 '고(孤: 외로운 사람)', '과(寡: 덕이 부족한 사람)', '불곡(不穀: 선하지 않은 사람)'이라 하여 자신을 낮춘다. 하상공은 "귀함은 천함을 근본으로 삼는다貴以賤爲本."의 예로 우禹임금 같은 성군을 든다. 우와 후직后稷은 몸소 농사짓고, 순舜은 물가에서 도자기를 굽고, 주공周公은 가난한 서민에게 자신을 낮추었다는 것이다.

지극한 명예는 명예를 의식하지 않고 자신을 낮출 때 저절로 생긴다.

40장

도의 순환원리

反者道之動, 弱者道之用.

반자도지동, 약자도지용.

天下萬物生於有, 有生於無.

천하만물생어유, 유생어무.

돌아가며 순환하는 것이 도道의 운동이요, 부드럽고 약한 것이 도의 작용이다. 천하 만물은 유에서 생겨나고, 유는 무에서 생겨난다.

도의 순환원리를 말하고 있다. 도는 기본적으로 비어 있고 지극히 고요하지만 온갖 움직임을 일으킨다. 도는 고정되어 있지 않고 부드럽고 약하게 움직인다.

이 장에서는 1장에서 "이름이 없는 것을 하늘과 땅의 시원이라 하고, 이름이 있는 것을 만물의 어미라 한다無名, 天地之始, 有名, 萬物之母."라고 한 것을 "천하 만물은 유에서 생겨나고, 유는 무에서 생겨난다天下萬物生於有, 有生於無."라는 말로 다르게 변주하고 있다.

41장

도의 역설

上士聞道, 勤而行之, 中士聞道, 若存若亡, 下士聞道, 大笑之.

상사문도, 근이행지, 중사문도, 약존약망, 하사문도, 대소지.

不笑不足以爲道. 故建言有之.

불소부족이위도. 고건언유지.

明道若昧, 進道若退, 夷道若纇, 上德若谷, 大白若辱, 廣德若不足,

명도약매, 진도약퇴, 이도약뢰, 상덕약곡, 대백약욕, 광덕약부족,

建德若偸, 質眞若渝, 大方無隅, 大器晚成,* 大音希聲, 大象無形,

건덕약투, 질진약투, 대방무우, 대기만성, 대음희성, 대상무형.

道隱無名. 夫唯道善貸且成.

도은무명. 부유도선대차성.

---

* 이 41장에 나오는 '큰 그릇은 늦게 이루어진다'는 "대기만성大器晚成" 구절의 원
문에 대해서는 논란이 있다. 백서본에 나오는 '큰 그릇은 완성이라는 것이 있을
수 없다'는 뜻의 "대기면성大器免成"이 문맥상 타당하다는 것이다. 일리가 있다.
그러나 하상공본과 왕필본을 비롯한 대부분의 판본들이 "대기만성大器晚成"을
채택하고 있고, 가장 오래된 죽간본에도 왕필본과 유사한 의미인 "만성曼成"으로
되어 있기에 여기서는 오랫동안 익숙하게 사용된 경문을 채택하였다.

가장 높은 단계의 선비는 도를 들으면 그것을 성실하게 실천하지만, 중간 단계의 선비는 도를 들으면 반신반의하고, 가장 낮은 단계의 선비는 도를 듣고 그것을 크게 비웃는다. 그런 사람이 비웃지 않는다면 오히려 도라 하기 어렵다. 그래서 다음과 같은 말이 있다. 밝은 길은 어둑한 듯하고, 앞으로 나아가는 길은 물러나는 듯하며, 평평한 길은 울퉁불퉁한 듯하고, 가장 훌륭한 덕은 골짜기 같으며, 정말 깨끗한 것은 더러운 듯하고, 정말 넓은 덕은 부족한 듯하며, 건실한 덕은 보잘것없는 듯하고, 정말 참된 것은 잘 변하는 듯하다. 정말 큰 사각형에는 모서리가 없고, 정말 큰 그릇은 늦게 이루어지며, 정말 큰 소리는 잘 들리지 않고, 정말 큰 형상은 모습이 잘 드러나지 않는다. 도는 감추어져서 이름이 없지만, 오직 도만이 잘 베풀고 잘 완성한다.

높은 덕은 그윽하고, 넓은 덕은 바보처럼 단순하다.

큰 인격은 많은 공부와 수행을 한 뒤에 완성되며, 자연의 소리처럼 너무나 큰 소리는 인간의 좁은 귀로는 듣기가 어렵고, 어머니의 사랑처럼 너무나 큰 모습은 잘 보이질 않는다.

작은 배는 바람에 흔들리고 파도에 졸랑이지만, 큰 컨테이너 선박은 가고 있어도 움직이지 않는 것처럼 보이고 웬만한 물결이나 바람에도 끄떡없다.

42장

도의 변화

道生一, 一生二, 二生三, 三生萬物. 萬物負陰而抱陽, 沖氣以爲和.

도생일, 일생이, 이생삼, 삼생만물. 만물부음이포양, 충기이위화.

人之所惡, 唯孤, 寡, 不穀, 而王公以爲稱. 故物或損之而益, 或益之而損.

인지소오, 유고, 과, 불곡, 이왕공이위칭. 고물혹손지이익, 혹익지이손.

人之所敎, 我亦敎之. 强梁者不得其死, 吾將以爲敎父.

인지소교, 아역교지. 강량자부득기사, 오장이위교부.

도는 일一을 낳고, 일一은 이二를 낳고, 이二는 삼三을 낳고, 삼三은 만물을 이룬다. 만물은 음을 등진 채 양을 품고 있는데, 텅 빈 기氣가 서로 만나 조화를 이룬 것이다. 사람들이 싫어하는 것은 특히 고孤와 과寡 그리고 불곡不穀인데, 오히려 왕은 이것으로 자기의 호칭을 삼는다. 그러므로 만물은 덜어 내도 더해지는 경우가 있고, 더하려 해도 오히려 줄어드는 경우가 있다. 다른 사람들이 가르치는 바를 나 또한 가르친다. 굳세고 강한 자는 제명에 죽지 못한다. 나는 이로써 가르침의 근본으로 삼으려 한다.

도는 하나를 낳고, 하나는 둘을 낳고, 둘은 셋을 낳고, 셋은 만물을 생성한다는 이 문장은 《주역》의 문법으로 설명할 수 있다. '하나'는 무극無極인데 이 무극이 태극太極을 낳고, 이 하나의 태극이 음양陰陽을 낳고, 이 음양이 천지인天地人 삼재를 낳고, 하늘과 땅과 사람이 만물을 형성한다.

이렇게 도의 작용으로 만물이 형성되는데 그 속에 중요한 원리가 들어 있다는 것이다. 만물은 음을 등지고 양을 품으면서 텅 빈 기로써 우주의 조화를 이룬다는 것이다. 임금도 자신을 비우고 낮춤으로써 나라의 바탕을 반듯하게 한다.

세상 사람들은 돈과 권력과 명예를 늘리려고 하는데 그것은 궁극적으로는 손해이고, 자기를 비워 낮추는 겸손한 사람은 이익을 본다는 것이다. 《서경》에도 "교만은 손해를 불러오고, 겸손하면 이익을 받는다滿招損, 謙受益."라는 말이 있다.

43장

부드러움과 없음의 힘

天下之至柔, 馳騁天下之至堅. 無有入無間, 吾是以知無爲之有益.
천하지지유. 치빙천하지지견. 무유입무간, 오시이지무위지유익.

不言之敎, 無爲之益, 天下希及之.
불언지교. 무위지익. 천하희급지.

이 세상에서 가장 부드러운 것이 세상에서 가장 단단한 것을 부리고, 형체가 따로 없는 것이 틈 없는 사이에 들어가니, 나는 이런 까닭에 무위無爲의 유익함을 안다. 말하지 않고 가르치는 것과 무위의 유익함을 세상에서 실천하는 이가 거의 드물구나.

여기서도 노자는 천하에서 가장 부드러운 것이 세상에서 가장 단단한 것을 부리고, 형체가 따로 없는 것이 틈 없는 사이에 들어갈 수 있다며 일견 상식과는 다른 역설적 화법을 구사하고 있다. 그런데 자연을 잘 관찰하고 깊이 생각해 보면 이 말이 옳다는 것을 깨닫게 된다.

겨우내 단단하게 얼어 있던 얼음을 도끼나 톱으로는 전부 제거할 수 없지만 따뜻한 봄바람은 순식간에 얼음을 녹이고, 보이지 않는 공기나 연약한 물은 단단하고 굳은 것에 스며들며, 연약한 풀씨나 나무가 바위에 틈을 낸다. 큰 돌로 지어진 캄보디아의 앙코르와트 사원을 허문 것은 총이나 대포가 아니라 나무뿌리와 비바람이었다.

44장

멈출 줄 아는 지혜

名與身孰親, 身與貨孰多, 得與亡孰病?

명여신숙친, 신여화숙다, 득여망숙병?

甚愛必大費, 多藏必厚亡. 故知足不辱, 知止不殆, 可以長久.

심애필대비, 다장필후망. 고지족불욕, 지지불태, 가이장구.

명성과 몸, 어느 것이 가까운가? 몸과 재화, 어느 것이 소중한가? 얻음과 잃음, 어느 것이 병인가? 이런 까닭에 애착이 심하면 반드시 큰 대가를 치르고, 많이 쌓아 두면 반드시 크게 잃는다. 그러므로 만족할 줄 알면 욕되지 않고, 멈출 줄 알면 위태롭지 않아 오래갈 수 있다.

세상 사람들은 명성을 탐내느라 자기 자신을 망치는 경우가 많다. 명성은 일시적인 것으로, 원래 자신과 아무런 상관이 없고 뜬구름처럼 허황한 것이다. 이런 허황한 것을 따르고 재물을 탐내면 근심이 많아지고 결국 자기 생명과 본래면목을 잃게 된다.

19세기 미국의 생태사상가로 소박하고 단순한 삶을 실천했던 헨리 데이비드 소로Henry David Thoreau는 손수 지은 한 칸짜리 오두막에 살며 책상 하나, 침대 하나, 의자 세 개를 놓고 살았다고 한다. 그렇게 살아도 친구들을 맞기에 부족함이 없었다. 자연을 관찰하고 마을 사람들과 사귀고 책을 읽고 글을 쓰는 데는 큰돈이 들지 않았다(박혜영, 《느낌의 0도》, 돌베개, 2018).

45장

큰 덕은 모자라는 것 같아

大成若缺, 其用不弊. 大盈若沖, 其用不窮.

대성약결, 기용불폐. 대영약충, 기용불궁.

大直若屈, 大巧若拙, 大辯若訥.

대직약굴, 대교약졸, 대변약눌.

躁勝寒, 靜勝熱. 淸靜爲天下正.

조승한, 정승열. 청정위천하정.

크게 이룸은 모자라는 것 같으나 그 쓰임은 끝남이 없고, 크게 참盈은 비어 있는 것 같으나 그 쓰임은 다함이 없다. 크게 곧음은 굽은 것 같고, 큰 기교는 서툰 것 같고, 크게 말 잘함은 말더듬이 같다. 움직임이 추위를 이기고, 고요함이 더위를 이긴다. 맑고 고요함이 천하의 올바름이 된다.

앞의 38장에서도 큰 덕은 덕이 없는 것 같다上德不德고 했는데 여기서도 큰 이룸은 모자란 것 같고, 크게 차면 비어 있는 것 같고, 크게 곧음은 굽은 것 같고, 큰 기교는 서툰 것 같고, 크게 말 잘함은 말더듬이 같다고 한다.

깊은 지혜가 담긴 말은 가볍게 나오지 않고 오랜 성찰을 거쳐 조심스레 나오는 법이다.

평생 한국 농업사 연구에 전념하신 김용섭1931~2020 선생은 철저한 고증과 올바른 사관으로 10여 권의 역저를 남긴 석학이셨다. 이렇게 훌륭한 연구 성과를 이룩하였으면서도 학문적으로는 늘 겸허한 모습을 보이셨고, 후학을 대할 때는 부드러운 목소리로 조용히 격려해 주셨다. 큰 물은 이렇게 조용히 흐른다.

46장

욕망의 절제

天下有道, 卻走馬以糞. 天下無道, 戎馬生於郊.

천하유도, 각주마이분. 천하무도, 융마생어교.

禍莫大於不知足, 咎莫大於欲得. 故知足之足, 常足矣.

화막대어부지족, 구막대어욕득. 고지족지족, 상족의.

세상에 도가 있으면 전쟁에 쓰이던 말로 농사를 짓고, 세상에 도가 없으면 말들이 전쟁터에서 새끼를 낳는다. 만족할 줄 모르는 것만큼 큰 화가 없고, 욕심을 내어 얻고자 하는 것만큼 큰 허물이 없다. 그런 까닭에 넉넉함을 넉넉함으로 알면 언제나 넉넉하다.

천하에 도가 있으면 평화가 유지되어 백성들이 생업에 종사할
수 있지만, 무도한 자가 집권하면 전쟁을 벌이고 생명을 가볍게 여
겨 농사짓는 데 쓰는 말이 전쟁터에서 새끼를 낳는 비극이 벌어진
다. 지도자의 탐욕은 나라에 재앙을 가져오며, 인간의 과도한 안락
과 편리함 추구는 지구의 파멸을 초래한다.

자연을 사랑하지 않고 단지 욕망 충족의 대상으로만 여긴 결과,
현재 지구는 환경 오염과 코로나19의 전 세계적 확산이라는 생태
학적 위기를 맞고 있다. 해안가에 떠밀려 온 고래의 배 속에서 엄
청난 양의 플라스틱과 어망이 나오고, 미세먼지와 온실가스가 하
늘을 뒤덮어 숨쉬기조차 힘들어져도, 무분별한 자연 훼손과 에너
지 자원 낭비는 멈추지 않고 있다.

"우리에게는 이 땅의 모든 부분이 다 거룩하다. 땅은 우리의 한
부분이다. 향기로운 꽃은 우리의 자매이다. 사슴과 말, 독수리는 우
리의 형제이다. 개울과 강을 흐르는 물은 우리 조상의 피다. 사람은
땅에 속한다. 모든 만물은 서로 연결되어 있다."

(1854년에 행한 시애틀 인디언 추장의 연설)

47장

멀리 봄

不出戶, 知天下, 不闚牖, 見天道. 其出彌遠, 其知彌少.

불출호, 지천하, 불규유, 견천도. 기출미원, 기지미소.

是以聖人不行而知, 不見而明, 不爲而成.

시이성인불행이지, 불견이명, 불위이성.

문밖을 나가지 않고 천하를 알며, 창문으로 엿보지 않고 하늘의 도를 안다. 멀리 가면 멀리 갈수록 그 아는 바는 점점 적어진다. 이런 까닭에 성인은 나가지 않고서 알며, 보지 않고도 명철하며, 하지 않고 이룬다.

왕필이 주석에서 말한 대로 모든 일에는 종지가 있고 도가 있다事有宗, 物有主. 꼭 문밖으로 나가야 천하의 이치를 아는 것은 아니다. 옛날의 경험과 지혜를 헤아려 오늘날의 문제를 살필 수 있고, 사물에 내재한 이치를 깨달으면 집에 앉아서도 천도를 알 수 있다.

자기를 미루어 남의 마음을 짐작할 수 있고, 자기 집안을 통해 남의 집안 사정을 알 수 있다. 세상의 이치가 실은 내 안에 내재해 있어서 성찰과 자각을 통해 깨달음을 얻을 수 있다. 쓸데없이 도를 밖에서 찾을 필요가 없고, 외부에서 얻은 지식보다 자기 자신의 올바른 의식이 중요하다.

리영희 선생은 "의식이 없는 지식은 죽은 지식이고, 실천을 동반하지 않는 배움이란 도로徒勞에 불과하다."라고 하였다.

48장

배움과 도

爲學日益, 爲道日損. 損之又損, 以至於無爲.

위학일익, 위도일손. 손지우손, 이지어무위.

無爲而無不爲. 取天下常以無事, 及其有事, 不足以取天下.

무위이무불위. 취천하상이무사, 급기유사, 부족이취천하.

학문을 하면 날로 늘어나고 도를 닦으면 날마다 덜어진다. 덜고 또 덜면 무위의 경지에 이르게 된다. 무위를 행하면 되지 않는 일이 없다. 그러므로 천하를 얻음에는 언제나 무위로써 해야 한다. 일거리를 만들면 천하를 얻을 수 없다.

학문을 하면 지식과 정보가 늘어난다. 그러나 마음공부인 도를 닦으면 욕심과 잡념이 덜어진다. 그렇게 날마다 자연스럽게 일을 하면 되지 않는 일이 없다.

이 세상에는 하지 않아도 좋은 쓸데없는 명령이나 지시가 좀 많은가. 정치가들은 국민의 눈물을 닦아 주지는 못할망정 수천 년간에 걸쳐 자연스럽게 형성된 강을 마구 파헤치고, 기업가들은 별로 필요하지도 않은 상품을 생산하여 지구의 자원을 낭비하고, 선생님들은 살아가는 데 아무짝에도 쓸모없는 문제를 시험이라고 출제해서 아이들을 괴롭히고, 과학자라는 사람들이 인류를 절멸시킬 수 있는 핵무기와 생화학무기를 개발하는 데 열을 올리고, 오만한 종교인들은 죄와 지옥을 가지고 사람들을 겁박하고 있다.

이런 작위적인 일들만 없어도 세상은 조용하고 평화로워지지 않을까.

49장

마음을 비움

聖人常無心, 以百姓心爲心.

성인상무심, 이백성심위심.

善者, 吾善之, 不善者, 吾亦善之, 德善.

선자, 오선지, 불선자, 오역선지, 덕선.

信者, 吾信之, 不信者, 吾亦信之, 德信.

신자, 오신지, 불신자, 오역신지, 덕신.

聖人在天下, 歙歙焉, 爲天下渾其心, 百姓皆注其耳目, 聖人皆孩之.

성인재천하, 흡흡언, 위천하혼기심, 백성개주기이목, 성인개해지.

성인은 언제나 자기의 마음을 갖지 않고 백성의 마음을 자기 마음으로
삼는다. 착한 사람을 착하게 대하고 착하지 않은 사람을 또한 착하게 대
하니 세상의 덕이 선해진다. 미더운 사람에게 믿음으로 대하고, 미덥지
않은 사람에게도 믿음으로 대하니 세상의 덕이 신뢰로 가득 찬다. 성인
은 세상에 있으면서 자신의 의지를 거두어들이고, 세상을 위하여 자신
의 마음을 흐릿하게 한다. 백성들은 그들의 눈과 귀를 기울이지만, 성인
은 모두 그들을 어린애로 여겨 보살핀다.

홀륭한 지도자는 자기 마음이 없다. 회남자淮南子가 말했듯이 세상 사람의 눈으로 바라보고 세상 사람의 귀로 듣는다以天下之目視, 以天下之耳聽. 백성의 마음을 자기의 마음으로 삼기 때문이다.

성인은 미덥지 않은 자도 믿어 주고, 선하지 않은 자도 선하게 대하는 덕을 베푼다. 자기 의지를 거두고 세상 사람과 하나가 되어 그들을 포용한다.

감산 선사는 이렇게 풀이한다.

"성인은 사람의 본래 모습이 선함을 직관하였기 때문에 선하게 행동하는 사람을 선하다고 하며, 선하지 못한 이 또한 선하다고 한다. 그는 비록 선하지 못하지만 내가 선으로 그를 대하면, 언젠가는 그도 역시 성인의 덕에 감응하여 이전의 잘못을 버리고 선하게 될 것이기 때문이다."

(감산, 오진탁 역, 《감산의 노자 풀이》, 서광사, 1991)

50장

생명을 소중하게

出生入死. 生之徒, 十有三, 死之徒, 十有三, 人之生, 動之於死地, 亦十有三.

출생입사. 생지도, 십유삼, 사지도, 십유삼, 인지생, 동지어사지, 역십유삼.

夫何故? 以其生生之厚. 蓋聞善攝生者, 陸行不遇兕虎, 入軍不被甲兵,

부하고? 이기생생지후. 개문선섭생자, 육행불우시호, 입군불피갑병,

兕無所投其角, 虎無所用其爪, 兵無所容其刃. 夫何故? 以其無死地.

시무소투기각, 호무소용기조, 병무소용기인. 부하고? 이기무사지.

사람이 세상에 나와 살다가 땅으로 들어가 죽는다. 삶의 부류가 열에 셋이고, 죽음의 부류가 열에 셋이다. 그런데 사람들은 사는 일에만 더욱 열중하지만, 하는 일마다 모두 죽는 길로 가는 것이 또 열에 셋이구나. 어째서 그러한가? 살려고 애쓰기에 지나친 까닭이다. 듣건대, 삶을 잘 다스리는 자는 육지를 가되 외뿔소나 호랑이를 만나지 않고, 싸움터에 가되 병장기의 피해를 입지 않고, 외뿔소가 그 뿔로 받을 곳이 없으며 호랑이가 그 발톱으로 낚아챌 곳이 없고 병사가 그 칼로 찌를 곳이 없다. 어째서 그러한가? 죽음의 여지가 없기 때문이다.

이 세상에 태어나 잘 사는 사람도 있고, 죽는 사람도 있으며, 잘 살다가 질병에 걸리거나 사고나 재난을 당하는 사람도 있다.

그런데 생명을 소중히 여기는 사람은 살려고 억지를 부리지 않고 자연의 순리를 따른다. 마치 호랑이를 만난 어린아이처럼 무서운 줄도 모르고, 죽음의 공포를 느끼지도 않고 방긋방긋 웃으며 하나가 되어 노는 그런 경지라고나 할까.

감산 스님은 이 경문을 "본성이란 생명의 주인공으로 본래의 참됨을 회복하면 육신이란 껍데기는 잊히고 자기 자신은 비게 된다. 내가 없어지면 만물과 대립하지 않게 되므로 험한 곳을 다녀도 호랑이를 만나지 않고, 전쟁터에 나가더라도 무기를 피하게 된다."라고 하였고(《감산의 노자 풀이》, 1991), 장일순 선생은 이 구절을 "살려고 일부러 애쓰거나 억지를 쓰지 않고 언제나 죽음 앞에서 당당한 모습"이라고 풀이하였다(《무위당 장일순의 노자이야기》, 삼인, 2003).

51장

도와 덕으로

道生之, 德畜之, 物形之, 勢成之. 是以萬物莫不尊道而貴德.

도생지, 덕휵지, 물형지, 세성지. 시이만물막불존도이귀덕.

道之尊, 德之貴, 夫莫之命而常自然.

도지존, 덕지귀, 부막지명이상자연.

故道生之, 德畜之, 長之育之, 成之熟之,* 養之覆之.

고도생지, 덕휵지, 장지육지, 성지숙지, 양지부지.

生而不有, 爲而不恃, 長而不宰, 是謂玄德.

생이불유, 위이불시, 장이부재, 시위현덕.

---

* 왕필본의 51장에 나오는 "정지독지亭之毒之"라는 경문이 까다로워서 왕필본보다
앞서 완정하게 나온 하상공본을 따라 "성지숙지成之熟之"로 확정하였다.

도는 낳고 덕은 기르고, 물질이 형체를 만들고 환경이 이루어 준다. 이런 까닭에 만물은 도를 높여 받들고 덕을 귀하게 여기지 않을 수 없다. 도의 높음과 덕의 귀함은 명령을 내려서가 아니라 언제나 저절로 그러한 것이다. 그러므로 도는 낳고 덕은 기르는데, 자라나게 키우고 성숙하게 하며 양육하고 덮어 준다. 낳았으되 소유하지 아니하고 일을 하고 자랑하지 아니하고 길렀으되 마음대로 부리지 아니하니 이를 일컬어 현묘한 덕이라고 한다.

　도는 만물을 낳고 덕은 만물을 길러 내지만, 그것을 소유하거나 자랑하거나 마음대로 부리지 않는다. 그래서 이러한 도의 경지를 현묘한 덕이라고 한다는 것이다.

52장

근원으로 돌아감

天下有始, 以爲天下母. 旣得其母, 以知其子, 旣知其子, 復守其母, 沒身不殆.

천하유시, 이위천하모. 기득기모, 이지기자, 기지기자, 복수기모, 몰신불태.

塞其兌, 閉其門, 終身不勤. 開其兌, 濟其事, 終身不救.

색기태, 폐기문, 종신불근. 개기태, 제기사, 종신불구.

見小曰明, 守柔曰强. 用其光, 復歸其明, 無遺身殃, 是爲習常.

견소왈명, 수유왈강. 용기광, 복귀기명, 무유신앙, 시위습상.

세상에 시작이 있는데 이것이 세상의 어머니다. 이미 그 어머니를 터득하면 이로써 그 아들을 알 수 있으니, 이미 그 아들을 알고 다시 그 어머니를 지키면 죽을 때까지 위태롭지 않다. 감각기관의 구멍을 막고 욕망의 문을 잠그면 종신토록 고단하지 않으나, 구멍을 열고 일을 만들어 보태면 종신토록 구제받을 길이 없다. 작은 것을 볼 줄 아는 것을 밝음이라 하고 부드러움을 지키면 이를 일컬어 강하다고 한다. 지혜의 빛을 써서 밝음으로 돌아가면 몸에 재앙이 끼치지 아니하니, 이를 일컬어 습상 (習常: 영원한 도)이라 한다.

근원을 알고 욕망의 문을 걸어 잠그면 위태롭지 않다. 그 자식을 알려면 그를 낳은 어머니를 보고, 문제의 소재를 알려면 그 뿌리를 알아야 한다. 우리가 방황하고 혼란스러운 것은 감각기관의 말초적인 기호나 욕망 때문이다.

그래서 노자는 눈이나 코, 입을 조심하고 욕망의 문을 잠그라 한다. 그러면 지혜의 빛을 얻게 되어 평생 고단하지 않게 된다는 것이다. 보통 인간은 겉으로 드러난 현상계만 보고 그 근원을 보지 못하고, 지난날의 관습이나 일차적 욕망에 따라 행동하는 경우가 많다.

미묘하게 존재하는 작은 것을 볼 줄 아는 현명함과 부드러움이 강함을 이기는 자연의 도를 지니면 재앙이 없을 것이다.

53장

길이 아니면 가지를 말고

使我介然有知, 行於大道, 唯施是畏.

사아개연유지, 행어대도, 유이시외.

大道甚夷, 而人好徑. 朝甚除, 田甚蕪, 倉甚虛.

대도심이, 이인호경. 조심제, 전심무, 창심허.

服文綵, 帶利劍, 厭飮食, 財貨有餘, 是謂盜夸. 非道也哉!

복문채, 대리검, 염음식, 재화유어, 시위도과. 비도야재!

나에게 조금이라도 지혜가 있다면 큰길을 가되 다만 잘못된 길로 들어
설까 그것을 두려워하겠다. 큰길은 매우 평탄한데 사람들은 지름길을
좋아한다. 조정은 심하게 썩었고 밭은 황폐하였으며 곳간은 비어 있다.
그런데도 수놓은 옷을 입고 날카로운 칼을 차고 음식을 싫도록 먹고 재
물이 남아도는 것을 일컬어 '도둑의 우두머리'라고 하거니와 이는 결코
도가 아니다!

크고 바른길은 매우 평탄하고 단순하다. 그런데 사람들은 큰길이 옳은 길이라는 것을 알면서도 쉽고 빠른 길로 간다. 부정한 길을 가면 나라가 부패해지고, 단기간에 수확량을 늘리려고 인공 비료를 많이 쓰면 땅의 기운이 떨어지고 황폐해진다.

인간의 생활도 마찬가지다. 화려한 옷을 입고 으스대며 매일 진수성찬을 즐기고 과도한 낭비를 하면 자기의 정신을 해치고 자원을 낭비하고 자연을 파괴한다. 그래서 노자는 검소함을 보배로 여기고 단순하고 소박한 것이 도에 가깝다고 말한다.

54장

도 닦음의 효능

善建者不拔, 善抱者不脫, 子孫以祭祀不輟.

선건자불발, 선포자불탈, 자손이제사불철.

修之於身, 其德乃眞, 修之於家, 其德乃餘, 修之於鄕, 其德乃長,

수지어신, 기덕내진, 수지어가, 기덕내여, 수지어향, 기덕내장,

修之於邦, 其德乃豊, 修之於天下, 其德乃普.

수지어방, 기덕내풍, 수지어천하, 기덕내보.

故以身觀身, 以家觀家, 以鄕觀鄕, 以邦觀邦, 以天下觀天下.

고이신관신, 이가관가, 이향관향, 이방관방, 이천하관천하.

吾何以知天下然哉? 以此.

오하이지천하연재? 이차.

잘 세운 것은 뽑히지 않고 잘 껴안은 것은 벗겨지지 않아 자손이 제사를
받들어 끊이지 않는다. 도道로 몸을 닦으면 그 덕이 곧 참되고, 도로 집
안을 닦으면 그 덕이 곧 남아돌고, 도로 마을을 닦으면 그 덕이 곧 오래
가고, 도로 나라를 닦으면 그 덕이 곧 풍성하고, 도로 천하를 닦으면 그
덕이 두루 미친다. 그러므로 자신으로 자신을 보고, 집으로 집을 보고,
마을로 마을을 보고, 나라로 나라를 보고, 천하로 천하를 본다. 내가 무
엇으로써 천하가 그러함을 아는가? 이 도로써 안다.

공자는 매사를 예禮에 따라 행해야 한다고 했지만, 노자는 매사에 있어서 도道를 따라야 한다고 말한다. 사람을 바라볼 때도 도의 입장에서 그 사람 전체의 면모를 보아야지 부분이나 수단으로 파악해서는 안 된다. 사람을 존재 자체로 바라보아야지 그 사람의 지위나 성별, 명성이나 재산으로 평가해서는 곤란하다.

풍부한 발전 가능성과 다양한 장점이 있는 사람을 수능 성적으로 재단하고, 출신 학교와 봉급 명세서의 숫자를 들이대며 평가하는 것은 얼마나 어처구니없는 짓인가.

55장

현묘한 징표

含德之厚, 比於赤子. 毒蟲不螫,* 猛獸不據, 攫鳥不搏. 骨弱筋柔而握固.

함덕지후, 비어적자. 독충불석, 맹수불거, 확조불박. 골약근유이악고.

未知牝牡之合而朘作, 精之至也. 終日號而不嗄, 和之至也.

미지빈모지합이최작, 정지지야. 종일호이불애, 화지지야.

知和曰常, 知常曰明. 益生曰祥, 心使氣曰强. 物壯則老, 謂之不道, 不道早已.

지화왈상, 지상왈명. 익생왈상, 심사기왈강. 물장즉로, 위지부도, 부도조이.

덕德을 두터이 지닌 사람은 벌거숭이 아이 같아서 독 있는 벌레도 물지 않고 사나운 짐승도 덤비지 않고 사나운 새도 채가지 않는다. 뼈도 약하고 힘줄도 부드럽지만 움켜쥐는 힘이 단단하고, 아직 남녀의 교합交合을 모르면서 그 자지가 발끈하고 서는 것은 정기精氣의 지극함이요, 종일토록 울어도 목이 쉬지 않는 것은 조화調和의 지극함이다. 조화를 아

---

* 하상공본에 나오는 "독충불석毒蟲不螫"이 왕필본에는 '벌과 벌레와 살무사와 뱀도 물지 않는다'는 뜻의 "봉채훼사불석蜂蠆虺蛇不螫"이라는 까다로운 한자로 되어 있어 쉽고 간명한 글자로 확정하였다.

는 것을 일컬어 상常이라 하고, 상을 아는 것을 일컬어 밝음이라 한다. 탐욕스럽게 살려고 하는 것을 일컬어 재앙이라 하고, 마음이 기氣를 부리는 것을 일컬어 강强이라 한다. 사물이 강장하면 늙어지니 이것을 일컬어 도답지 못하다고 한다. 도를 따르지 않으면 일찍 끝나버린다.

기독교《성경》에서 어린아이의 마음을 갖고 있지 않으면 천국에 가기 어렵다고 했는데, 노자도 덕을 충분히 지닌 사람의 모습은 어린아이와 같다고 말한다. 어린아이의 뼈는 약하고 근육은 부드러워 말랑말랑하지만 엄마의 젖을 빠는 힘은 세고 장난감을 잡고 있으면 누구도 뺏을 수 없을 정도로 강하다.

코로나19가 전 세계적으로 맹위를 떨치고 있는 상황에서 노인층의 감염과 중증률은 빠른 속도로 늘고 있으나 신기하게도 유아나 어린이의 감염은 드물다. 노자는 이런 것을 독벌레도 물지 않고, 사나운 짐승도 덤비지 않는다고 표현했다. 덕이 충만한 사람은 정기가 지극하고 종일 울어도 목이 메지 않는다.

조화와 밝은 정기를 벗어나 사나운 기운을 일으켜 탐욕스럽게 더 잘살려고 하는 것은 상서롭지 못한 짓이다. 이렇게 도에 어긋나게 강장强壯하려다 보면 결국 노쇠해져 일찍 끝장난다.

56장

도를 아는 사람

知者不言, 言者不知.

지자불언, 언자부지.

塞其兌, 閉其門, 挫其銳, 解其紛, 和其光, 同其塵, 是謂玄同.

색기태, 폐기문, 좌기예, 해기분, 화기광, 동기진, 시위현동.

故不可得而親, 不可得而疏, 不可得而利, 不可得而害, 不可得而貴, 不可得而賤. 故爲天下貴.

고불가득이친, 불가득이소, 불가득이리, 불가득이해, 불가득이귀, 불가득이천. 고위천하귀.

지혜로운 사람은 함부로 말하지 않고, 함부로 말하는 사람은 지혜롭지 못하다. 감각의 구멍을 막고 욕망의 문을 닫으며, 날카로움을 무디게 하고 어지러운 것을 풀며, 그 빛과 조화되고 티끌과 하나가 되면, 이를 일컬어 '현묘한 같음玄同'이라고 한다. 그러므로 가까이할 수도 없고 소원하게 할 수도 없으며, 이롭게 할 수도 없고 해롭게 할 수도 없으며, 귀하게 할 수도 없고 천하게 할 수도 없다. 그래서 천하에서 가장 귀하게 된다.

여기서 "지자知者"는 도를 아는 사람을 말한다. 도를 아는 사람은 실천하는 것을 중시하고 말하는 것을 중시하지 않는다. 그래서 도를 아는 사람은 함부로 말하지 않고, 생각 없이 말하는 사람은 지혜롭지 않다고 한 것이다. 공자도 이와 같은 생각에서 "성숙한 사람은 말을 신중히 하고 실천에 힘을 쓴다君子, 欲訥於言, 而敏於行." 라고 하였다.

도를 추구하는 사람은 눈, 코, 입, 귀의 구멍을 막고 욕심의 문을 닫는다. 그러면서 빛을 찾아가는 사람과 동행하며, 흙먼지가 날리는 세상에서 힘들게 살아가는 이들의 고통에 동참한다.

57장

풍속을 순박하게

以正治國, 以奇用兵, 以無事取天下. 吾何以知其然哉? 以此.

이정치국, 이기용병, 이무사취천하. 오하이지기연재? 이차.

天下多忌諱, 而民彌貧, 人多利器, 國家滋昏, 人多伎巧, 奇物滋起, 法令
滋彰, 盜賊多有.

천하다기위, 이민미빈, 인다리기, 국가자혼, 인다기교, 기물자기, 법령
자창, 도적다유.

故聖人云, 我無爲, 而民自化, 我好靜, 而民自正, 我無事, 而民自富, 我
無欲, 而民自樸.

고성인운, 아무위, 이민자화, 아호정, 이민자정, 아무사, 이민자부, 아
무욕, 이민자박.

정도正道로써 나라를 다스리고 알맞은 전략으로써 군대를 부리며 일을
벌이지 않음으로써 천하를 얻는다. 내 어찌하여 그러하다는 것을 아는
가? 이로써 안다. 천하에 꺼리는 것이 많으면 백성은 더욱 가난해지고,
문명의 이기利器가 많으면 나라는 더욱 어지러워지고, 사람들이 기교
技巧를 많이 부리면 괴상한 물건이 더 많이 생기고, 법이 더욱 밝아지면
도적이 많아진다. 그러므로 성인이 이르기를 내가 아무 일도 하지 않아
백성이 스스로 교화되고, 내가 고요함을 좋아하여 백성이 스스로 바르

고, 내가 아무 일도 꾀하지 않아 백성이 스스로 부유하고, 내가 욕심을
부리지 않아 백성이 저절로 소박해진다.

성군의 덕은 바람과 같다. 지도자가 부국강병과 부귀영화에 대
한 탐욕을 비우고 몸소 바른 덕행으로 모범을 보인다면 나라는 저
절로 다스려지고 천하는 평화로워질 것이다. 그런데 못난 지도자
의 허황한 공명심 때문에 쓸데없는 국책사업을 벌여 아름다운 산
수 강산을 파괴하고, 여러 가지 법률과 규제를 만들어 지시를 남발
하여 국민을 위축시키고 피곤하게 한다.

누구를 위한 성장이고 무엇을 위한 발전인가를 묻지 않고, 기술
적으로 가능하면 만들어야 한다는 과학만능주의는 인류를 멸망케
할 정도의 핵무기를 비롯한 대량 살상 무기와 생화학무기를 과잉
생산하였다. 생산성 향상을 위한다는 명목으로 과도한 농약을 살
포하여 나비와 벌늘이 봄이 되어도 꽃이 피지 않은 '침묵의 봄'을
맞이하게 되었다. 급기야 이러한 인위적인 유전자 조작, 난개발,
무분별한 플라스틱 사용, 탄소 배출은 부메랑이 되어 생태계를 교
란시키고 인류의 생명을 위협하는 지경까지 이르렀다.

노자가 제발 쓸데없는 짓을 그만하라는 무위無爲를 말하고 바르
고 조용하게 지내며 소박하게 살라고 한 것이 과연 지난 시대의 사
상이라고만 할 수 있을까?

58장

순박한 도로 교화함

其政悶悶, 其民淳淳, 其政察察, 其民缺缺.

기정민민, 기민순순, 기정찰찰, 기민결결.

禍兮, 福之所倚, 福兮, 禍之所伏. 孰知其極? 其無正.

화혜, 복지소의, 복혜, 화지소복. 숙지기극? 기무정.

正復爲奇, 善復爲妖. 人之迷, 其日固久.

정부위기, 선부위요. 인지미, 기일고구.

是以聖人方而不割, 廉而不害,* 直而不肆, 光而不耀.

시이성인방이불할, 염이불해, 직이불사, 광이불요.

---

* 예리하되 사람을 해치지 않는다는 "염이불해廉而不害"는 하상공본의 것을 취했
다. 왕필본에는 "염이불귀廉而不劌"로 되어 있는데, '귀劌' 자가 잘 쓰지 않는 글자
여서 같은 뜻의 하상공본의 '해害' 자로 바꾸었다.

정치가 어수룩하면 백성이 순박해지고 빈틈이 없이 다스리면 백성이 교활해진다. 화禍여, 복福이 너에게 기대어 있구나. 복福이여, 화禍가 네 속에 잠복해 있구나. 누가 그 끝을 알리오? 정해져 있는 것이 없다. 바르게 되어 있는 것은 다시 기이한 것이 되고, 좋은 것은 다시 이상한 것이 되니, 사람이 미혹된 것이 아주 오래되었구나. 그래서 성인은 반듯하되 남을 재단하지 않고, 예리하되 해를 끼치지 않으며, 솔직하되 멋대로 하지 않고, 빛나되 눈부시게 하지 않는다.

이 장에서는 앞의 57장에 이어 순박한 정치를 강조한다. 정치가 빈틈없이 각박하면 백성들이 교활해지고 정치가 여유 있으면 백성들이 저절로 순박해진다는 것이다. 그래서 성인의 정치는 반듯하면서도 남을 재단하지 않고, 예리하되 사람을 해치지 않고, 곧되 멋대로 하지 않고, 빛나되 눈부시게 하지 않는다.

"화禍여, 복福이 너에게 기대어 있구나. 복福이여, 화禍가 네 속에 잠복해 있구나."라는 말은 노자의 세상사에 대한 깊은 통찰을 보여주는 언명으로, 우리가 흔히 쓰는 '전화위복轉禍爲福'이나 '새옹지마塞翁之馬'와 같은 뜻일 것이다.

59장

도를 지킴

治人事天, 莫若嗇. 夫唯嗇, 是謂早服, 早服謂之重積德.
치인사천, 막약색. 부유색, 시위조복, 조복위지중적덕.

重積德則無不克, 無不克則莫知其極, 莫知其極, 可以有國.
중적덕즉무불극, 무불극즉막지기극, 막지기극, 가이유국.

有國之母, 可以長久, 是謂深根固柢, 長生久視之道.
유국지모, 가이장구, 시위심근고저, 장생구시지도.

사람을 다스리고 하늘을 섬기는 데 아낌 만한 것이 없다. 무릇 아낌을
일컬어 빨리 돌아감이라 하고, 빨리 돌아감을 일컬어 덕德을 거듭 쌓는
다고 한다. 덕을 거듭 쌓으면 이기지 못할 것이 없고, 이기지 못할 것이
없으면 그 끝을 알지 못하고, 그 끝을 알지 못하면 이로써 나라를 가질
수 있다. 나라를 가진 어머니道는 길고 오래일 수 있으니, 이를 일컬어
뿌리가 깊고 튼튼하여 길게 살고 오래 보는 길이라 한다.

아낌嗇이란 말은 있으면서도 쓰지 않는 것有而不用者이다. 소자유蘇子由는《노자익老子翼》에서 다음과 같이 말한다.

"어떤 물건이든지 반듯하면 자르고, 모나면 상처를 입히고, 곧으면 세게 뻗고, 빛나면 번쩍거린다. 오직 성인만이 반듯하면서 자르지 않고 모나면서 상처를 입히지 않고 곧으면서 뻗치지 않고 빛나면서 번쩍거리지 않으니 이를 일컬어 아낌嗇이라 한다. 무릇 아낌嗇이란 있는데도 쓰지 않는 것이다."

마하트마 간디는 "이 세상은 우리의 필요를 위해서는 충분한 곳이지만 우리의 탐욕을 채우기 위해서는 너무나 가난한 곳이다."라고 하였다.

60장

조심스럽게 다스림

治大國, 若烹小鮮. 以道莅天下, 其鬼不神. 非其鬼不神, 其神不傷人,
치대국, 약팽소선. 이도리천하, 기귀불신. 비기귀불신, 기신불상인,

非其神不傷人, 聖人亦不傷人. 夫兩不相傷, 故德交歸焉.
비기신불상인, 성인역불상인. 부양불상상, 고덕교귀언.

큰 나라 다스리기를 작은 물고기 조리듯 하라. 도道로써 천하를 다스리
면 귀신이 신통력을 부리지 못한다. 귀신이 신통력을 부리지 못할 뿐만
아니라 그 귀신이 사람을 상하게 하지 못한다. 그 귀신이 사람을 상하게
하지 못할 뿐만 아니라 성인 또한 사람을 상하게 하지 못한다. 이 둘이
서로 상하지 아니하니 그러므로 덕德이 함께 이에 돌아간다.

나라를 다스릴 때 작은 생선을 굽듯이 조심스레 하라는 말은 지도자가 무위지심無爲之心으로 다스리면 백성들이 순박해진다는 말과 같은 맥락이다. 유가에서도 백성을 갓난아이 돌보듯이 조심스럽게 보살펴야 한다는 "애민적자愛民赤子"란 말이 있다. 어떤 명령이나 지시를 내릴 때 그것이 사리에 맞고 현실에 합당하며 백성들이 받아들일 수 있는 정당성이 있는지를 살펴야 한다는 뜻이다.

모든 종교의 원시 경전과 고대 철학에서는 이처럼 사람을 존중하고 사랑하라는 메시지가 공통적으로 발견된다. 사람이 하늘이고, 사람의 마음人心이 하늘의 마음天心이다.

61장

겸손하고 낮은 자세

大國者下流, 天下之交, 天下之牝. 牝常以静勝牡, 以静爲下.

대국자하류, 천하지교, 천하지빈. 빈상이정승모, 이정위하.

故大國以下小國, 則取小國, 小國以下大國, 則取大國. 故或下以取, 或
下而取.

고대국이하소국, 즉취소국, 소국이하대국, 즉취대국. 고혹하이취, 혹
하이취.

大國不過欲兼畜人, 小國不過欲入事人. 夫兩者各得所欲, 大者宜爲下.

대국불과욕겸휵인, 소국불과욕입사인. 부양자각득소욕, 대자의위하.

큰 나라는 낮은 곳으로 흘러 천하가 모이는 자리요, 천하를 품는 암컷이
된다. 암컷은 가만히 있음으로써 수컷을 이기고, 가만히 있음으로써 자
기를 낮춘다. 그러므로 큰 나라가 자신을 낮추어 작은 나라를 대하면 작
은 나라를 취하게 되고, 작은 나라가 자신을 낮추어 큰 나라를 대하면
큰 나라로부터 보호받을 수 있다. 그러므로 어떤 경우는 낮춤으로써 취
하게 되고, 어떤 경우는 낮추어서 취함을 받는다. 큰 나라는 남을 함께
기르려고 하는 데 지나지 않고, 작은 나라는 들어가서 남을 섬기려고 하
는 데 지나지 않으니, 두 나라가 저마다 바라는 바를 얻게 된다. 가장 중
요한 것은 자신을 낮춰야 한다는 것이다.

크고자 하거든 겸손하게 남을 섬기라는 말이 있다. 이것은 인간 관계에만 해당하는 것이 아니라 국가 간에도 통용될 수 있는 유효한 진리이다. 노자는 큰 나라가 어미 닭이 병아리를 품듯이 낮은 자세와 부드러운 포용력으로 작은 나라를 품으면 천하가 그곳으로 모여들게 된다고 했다. 큰 나라가 자기를 낮추면 작은 나라를 얻을 수 있고, 작은 나라가 자기를 낮추면 큰 나라를 얻을 수 있다는 것이다.

《맹자》에도 "큰 나라가 작은 나라를 섬기는 것은 천하의 평화와 안녕을 즐기기 위해서이고, 작은 나라가 큰 나라를 이소사대以小事大의 외교로 섬기는 것은 자기 나라를 보호하기 위해 천하의 질서를 두려워하기 때문"이라는 문장이 나온다.

62장

도를 행함

道者萬物之奧, 善人之寶, 不善人之所保.

도자만물지오, 선인지보, 불선인지소보.

美言可以市, 尊行可以加人. 人之不善, 何棄之有?

미언가이시, 존행가이가인. 인지불선, 하기지유?

故立天子, 置三公, 雖有拱璧以先駟馬, 不如坐進此道.

고입천자, 치삼공, 수유공벽이선사마, 불여좌진차도.

古之所以貴此道者何? 不曰 以求得, 有罪以免邪? 故爲天下貴.

고지소이귀차도자하? 불왈 이구득, 유죄이면야? 고위천하귀.

도라는 것은 만물이 모여드는 곳으로, 착한 사람의 보배요, 착하지 못한
사람도 보호를 받는 곳이다. 아름답게 꾸민 말은 좋은 값진 것이 될 수
있고, 권위 있는 행동으로 남에게 영향을 줄 수 있지만, 사람이 착하지
못하다고 해서 어찌 사람을 버릴 수 있겠는가? 그러므로 임금을 세우고
삼공을 두면서 큰 옥을 네 마리 말이 끄는 수레에 앞세워 바친다고 하더
라도 가만히 앉아서 이 도를 일러 주는 것만 같지 못하다. 옛날부터 이
도를 귀하게 여긴 까닭은 무엇인가? 구하면 얻고 죄를 지었어도 이로써
면해지기 때문이 아니겠는가? 그래서 천하의 귀한 것이 된다.

도는 만물을 주재하는 중심이다. 착한 사람은 그 도를 소중히 여겨 보배로 삼고, 착하지 못한 사람도 도를 따르면 크게 잘못되지 않는다. 사람이 성공하기 위해서는 식견과 능력이 있어야 하겠지만 도를 떠나면 언제 잘못된 길로 빠질지 모른다. 나라 경영도 마찬가지다. 국가 체제를 완비하고 일할 인재를 등용하더라도 국가가 지향하는 올바른 길을 제시해 주는 것보다 중요한 일은 없다. 나라의 근본을 바로 세우고 나아갈 방향을 확립하면 작은 실수는 있어도 큰 재앙은 면하게 된다. 그래서 도를 행하는 것爲道이 귀하다고 한 것이다.

63장

하지 않는 듯 일 없는 듯

爲無爲, 事無事, 味無味.

위무위, 사무사, 미무미.

大小多少, 報怨以德. 圖難於其易, 爲大於其細, 天下難事, 必作於易,

대소다소, 보원이덕. 도난어기이, 위대어기세, 천하난사, 필작어이,

天下大事, 必作於細. 是以聖人終不爲大, 故能成其大.

천하대사, 필작어세. 시이성인종불위대, 고능성기대.

夫輕諾必寡信, 多易必多難. 是以聖人猶難之, 故終無難矣.

부경락필과신, 다이필다난. 시이성인유난지, 고종무난의.

무위의 방식으로 하고 일을 벌이지 않는 듯이 일을 하며 맛없는 것을 맛
으로 여긴다. 크거나 작거나 많거나 적거나, 원한을 덕으로 갚는다. 어
려운 일을 도모하려는 자는 그 쉬운 일부터 하고 큰일을 하려는 자는 그
작은 일부터 한다. 세상의 어려운 일은 반드시 쉬운 일에서부터 시작되
고, 세상의 큰일은 반드시 작은 일에서부터 일어난다. 이런 까닭에 성인
은 끝내 일을 크게 벌이지 않는다. 그래서 결국에는 큰일을 이룰 수 있
게 되는 것이다. 대개 쉽게 하는 승낙은 믿기 어렵고, 너무 쉽게 보면 반
드시 큰 어려움을 겪게 된다. 이런 이치로 성인은 오히려 모든 일을 어
렵게 여긴다. 그래서 끝내 어려움이 없게 된다.

노자는 작위적으로 일을 벌이는 것을 좋아하지 않는다. 일을 벌이지 않는 듯이, 자연스럽게 물 흐르듯이 일이 되게 한다. 모든 일을 도와 덕에 따라 처리하되, 쉽고 작은 일부터 시작한다. 어려운 일도 쉬운 데서 시작되고, 큰일도 작은 일에서 일어나기 때문이다. 또한 모든 언행을 신중하게 하지 않으면 믿음을 잃고 곤란한 일이 생기기 마련이다.

그래서 성인은 처음에는 결코 일을 크게 벌이지 않지만, 나중에는 저절로 큰일이 이루어지게 한다. 보통 사람들은 처음에는 의욕적으로 일을 크게 벌이다가 끝까지 그 목표를 견지하지 못하고 용두사미로 끝나게 되는 경우가 많다. 그러나 도를 추구하는 사람은 그 시작은 미미하나 그 끝은 창대한 결과를 가져온다.

64장

처음처럼

其安易持, 其未兆易謀. 其脆易泮, 其微易散. 爲之於未有, 治之於未亂.

기안이지, 기미조이모. 기취이반, 기미이산. 위지어미유, 치지어미란.

合抱之木, 生於毫末, 九層之臺, 起於累土, 天里之行, 始於足下.

합포지목, 생어호말, 구층지대, 기어누토, 천리지행, 시어족하.

爲者敗之, 執者失之, 是以聖人無爲故無敗, 無執故無失.

위자패지, 집자실지, 시이성인무위고무패, 무집고무실.

民之從事, 常於幾成而敗之. 愼終如始, 則無敗事. 是以聖人欲不欲,

민지종사, 상어기성이패지. 신종여시, 즉무패사. 시이성인욕불욕,

不貴難得之貨, 學不學, 復衆人之所過, 以輔萬物之自然而不敢爲.

불귀난득지화, 학불학, 복중인지소과, 이보만물지자연이불감위.

안정되어 있을 때 유지하기가 쉽고, 아직 무슨 조짐이 보이지 않을 때 도모하기가 쉽다. 취약할 때 나누기가 쉽고, 미세할 때 흐트러뜨리기가 쉽다. 그래서 무슨 사태가 아직 발생하지 않았을 때 일을 하고, 혼란이 일어나지 않았을 때 잘 다스려야 한다. 몇 아름이나 되는 나무라도 터럭 끝 같은 작은 싹에서 자라나고, 구층의 높은 집도 삼태기 하나 분량의 흙에서 시작되며, 천 리 길도 한 발자국에서 시작된다. 의도를 가지

고 일을 하는 자는 실패하고, 집착하는 자는 잃게 된다. 그래서 성인은 의도적으로 하는 일이 없기에 실패하지 않고 집착하지 않기에 잃지 않는다. 사람들이 일하는 것을 보면 거의 완성 단계에서 실패하는데, 시작할 때처럼 신중하게 끝을 맺으면 실패하는 일이 없을 것이다. 그래서 성인은 욕심내지 않음을 욕심내고, 얻기 어려운 재화를 귀하게 여기지 않으며, 배우지 않음을 배워 뭇 사람들의 잘못을 제자리로 돌아가도록 한다. 이렇게 함으로써 만물이 스스로 그렇게 하도록 도와주고 함부로 인위적 행위를 하지 않는다.

건물을 지을 때도 기초가 튼튼해야 하고, 천 리 길을 갈 때도 방향을 올바르게 잡고 한 걸음씩 지치지 않고 완주할 수 있어야 한다. 출발 때의 조그마한 잘못이 나중에는 엄청난 결과를 가져온다. 성급하게 서두르면 지치게 되고 마지막까지 완주하지 못한 채 그만 낙오하는 경우가 많다. 그래서 시작할 때처럼 신중하게 끝을 맺으면 실패하는 일이 없게 된다愼終如始, 則無敗事고 한 것이다.

이 장에 나오는 "욕불욕欲不欲"은 '사람들은 화려하게 꾸미기를 바라지만 성인은 질박하기를 바란다人欲文飾, 聖人欲質朴'는 뜻이고, "학불학學不學"은 '사람들은 꾀와 속임수를 배우지만 성인은 자연스러움을 배운다人學智詐, 聖人學自然'는 뜻이다(《노자도덕경하상공장구》'수미守微').

65장

순박한 덕

古之善爲道者, 非以明民, 將以愚之. 民之難治, 以其智多.
고지선위도자, 비이명민, 장이우지. 민지난치, 이기지다.

故以智治國, 國之賊, 不以智治國, 國之福. 知此兩者亦稽式.
고이지치국, 국지적, 불이지치국, 국지복. 지차양자역계식.

常知稽式, 是謂玄德. 玄德深矣, 遠矣, 與物反矣, 然後乃至大順.
상지계식, 시위현덕. 현덕심의, 원의, 여물반의, 연후내지대순.

옛날에 도를 잘 실천한 사람은 백성들을 명민하도록 하지 않고 우직하도록 하였다. 백성들을 다스리기 어려운 것은 쓸데없는 지식이 많기 때문이다. 그러므로 지智로써 나라를 다스리는 것은 나라에 해가 되고, 지智로써 나라를 다스리지 않는 것은 나라에 복이 된다. 이 두 가지를 아는 것 또한 중요한 기준이다. 언제나 이 기준을 알고 있는 것을 현덕이라 한다. 현덕은 깊고 멀어 현상과 반대되지만, 그런 후에 자연의 큰 이치에 순응하게 된다.

노자는 일찍이 지식이 인간을 인간답게 만들어 주는 '해방의 지식'이 되지 못하고 지배체제를 옹호하는 '지배의 지식'으로 작동하고 있다는 것을 간파하고 있었던 것 같다. 쓸데없는 지식을 가르치기보다 차라리 우직하게 살아가게 하는 게 낫다고 말한다. 꼼수를 부리는 지식이나 자기의 이기적인 욕망을 달성하는 데 필요한 작은 지식小智을 버리고, 너와 나를 아우르고 인간과 자연이 하나가 되는 큰 바보, 큰 지혜大智를 강조한다.

연암 박지원燕巖 朴趾源, 1837~1805의 〈허생전〉은 가난한 선비가 아내의 성화에 못 이겨 책을 덮고 일어서 장안의 변부자에게 돈을 빌려 경상도, 전라도, 충청도로 가는 길목인 안성에서 과일 도매상을 하고 제주도에 가서 양반들의 갓을 만드는 데 사용되는 말총 장사를 해서 돈을 번 뒤에, 사람이 살지 않는 빈 섬을 찾아 그곳에 이상국을 건설하는 내용의 사회사상이 담긴 작품이다. 주인공 허생이 무인공도無人空島에 들어가 자신이 꿈꾸는 이상국을 선설하면서 글을 아는 먹물들知書者을 배에 태워 육지로 데리고 나오는 장면이 나온다.

지식이 인간의 품성을 고양시키는 자기 성찰과 세계 인식의 도구가 되지 못하고, 지배자의 통치를 합리화시키고 부자들의 기득권을 확대하는 데 소용되고, 순박한 사람을 무시하는 교지驕智가 된다면, 그것은 지배와 억압의 도구일 뿐이다. 지식은 인간의 흐린 눈을 맑게 해 주어 현명한 판단을 하도록 도와주는 역할을 해야만 한다.

66장

자기를 낮추고 뒤로함

江海之所以能爲百谷王者, 以其善下之. 故能爲百谷王.
강해지소이능위백곡왕자, 이기선하지. 고능위백곡왕.

是以聖人欲上民, 必以言下之, 欲先民, 必以身後之.
시이성인욕상민, 필이언하지, 욕선민, 필이신후지.

是以聖人處上而民不重, 處前而民不害.
시이성인처상이민부중, 처전이민불해.

是以天下樂推而不厭. 以其不爭, 故天下莫能與之爭.
시이천하락추이불염. 이기부쟁, 고천하막능여지쟁.

강과 바다가 모든 골짜기의 임금이 될 수 있는 것은 그것이 낮추기를 잘하기 때문이다. 그래서 모든 골짜기의 임금이 되는 것이다. 이런 까닭에 성인은 백성 위에 오르고자 할 때 반드시 자신을 낮추는 말을 쓰고, 백성 앞에 서고자 할 때 반드시 자신을 뒤에 둔다. 그런 까닭에 성인은 백성 위에 있어도 그들이 무거워하지 않고 백성 앞에 서지만 그들이 해를 입지 않는다. 그런 까닭에 온 세상이 그를 기꺼이 받들어 모시되 싫어하지 않는다. 이렇게 다투지를 않으므로 세상에 그를 상대하여 다툴 자가 없다.

모든 물은 바다로 흘러들어 간다. 그것은 바다가 강이나 호수보다 낮기 때문이다. 바다가 낮은 곳에 있어서 모든 골짜기와 강물을 받아들일 수 있듯이, 마음을 비워야 지혜가 담기고 자기를 낮추어야 사람들이 모여든다.

회남자淮南子도 "바다는 온갖 물을 사양하지 않고 받아들인다海不讓水."라는 말을 남겼고, 기독교 성서에도 크고자 하거든 자기를 낮추고 남을 섬겨야 한다는 명언이 있다. 신영복 선생도 진정한 연대는 아래로 내려가 옆으로 엮는 "하방연대下方連帶"라고 하였다.

춘천 실레마을을 배경으로 〈동백꽃〉, 〈봄봄〉, 〈산골 나그네〉, 〈만무방〉, 〈금 따는 콩밭〉 같은 뛰어난 단편소설을 쓴 김유정 작가는 '겸하謙下'를 좌우명으로 삼았고, 실제 소설에서도 민중들의 생활을 민중이 실제로 쓰는 사투리를 사용하여 그려내 작품의 완성도를 높였다. 이것이 김유정 소설이 두고두고 애독되는 까닭일 것이다.

67장

노자의 삼보

天下皆謂我, 道大, 似不肖. 夫唯大, 故似不肖. 若肖, 久矣其細也夫!

천하개위아, 도대, 사불초. 부유대, 고사불초. 약초, 구의기세야부!

我有三寶, 持而保之. 一曰慈, 二曰儉, 三曰不敢爲天下先.

아유삼보, 지이보지. 일왈자, 이왈검, 삼왈불감위천하선.

慈故能勇, 儉故能廣, 不敢爲天下先, 故能成器長.

자고능용, 검고능광, 불감위천하선, 고능성기장.

今舍慈且勇, 舍儉且廣, 舍後且先, 死矣!

금사자차용, 사검차광, 사후차선, 사의!

夫慈以戰則勝, 以守則固. 天將救之, 以慈衛之.

부자이전즉승, 이수즉고. 천장구지, 이자위지.

세상 사람들이 내게 말하기를 도는 크나 도 같지 않은 듯하다고 한다.
오직 크기 때문에 도 같지 않아 보이는 것이다. 만일 도 같아 보인다면
오래전부터 보잘것없었을 것이다. 나는 세 가지 보물을 지니고 있는데
그것을 잘 보존하고 있다. 첫째는 사랑이요, 둘째는 검소함이요, 셋째는
감히 세상에서 앞에 나서지 않는 것이다. 사랑하기에 용감하고, 검소하
기에 널리 베풀 수 있으며, 사람들 앞에 먼저 나서지 않기에 온 세상의
지도자가 된다. 지금 사랑이 없으면서 용감하고, 검소하지 않으면서 넓
게 베풀려고 하고, 몸을 뒤에 두지 않으면서 앞에 나서려 하는데, 그러
면 죽음에 이른다. 무릇 사랑으로써 전쟁을 하면 이기고, 사랑으로써 지
키면 견고하다. 천하가 장차 저를 구원하고 사랑으로 지켜 줄 것이다.

노자는 우리가 소중히 여겨야 할 덕목으로 사랑慈과 검소함儉과 겸손함不敢爲天下先 세 가지를 꼽는다. 우리 인간은 근원적으로 남을 측은하게 여기는 마음이 있기에 어린아이가 우물에 빠지려고 하면 가만히 보고만 있지 않고, 모르는 사람이 전철 선로에 떨어지면 자기의 안위를 생각하지 않고 무조건 구하려고 뛰어든다. 사랑하는 마음이 용기를 불러일으키기 때문일 것이다. 그래서 동서고금의 고등 종교는 모두 사랑과 어짊과 자비를 핵심 가치로 내세운다.

그런데 노자는 이 사랑에 더하여 검소함과 겸손함의 미덕을 강조한다. 노자는 "상선은 물과 같다上善若水."라며 도道를 낮은 곳으로 흐르는 물에 비유하고, 일을 하고 자랑하지 말고, 공을 세우고 티를 내거나 그곳에 머물지 말라는 말을 자주 했다.

《노자》 텍스트에서 아낌과 검소에 대한 언급은 도를 비유한 물, 골짜기, 통나무, 어린아이와 여성처럼 자주 나오지는 않지만, 코로나19로 인해 전 세계가 생태적 위기에 처한 오늘의 상황에서 이 말들은 깊은 함의를 지닌다. 대량 생산과 신속 유통, 대량 소비와 쓰레기 양산으로 이어지는 현대 자본주의 시스템이 초래한 생태학적 위기 상황에서 아낌과 검소함의 의미는 엄중하다.

벌과 나비는 꿀을 따지만 꽃을 다치게 하는 법이 없고, 호랑이도 생존을 위해 하위 먹이 사슬에 속한 짐승을 잡아먹지만 배를 채운 뒤에는 멈출 줄 안다. 인간은 탐욕의 노예가 되어 가는데, 자연은 낭비를 모른다. 노자가 일찍이 아낌과 검소함을 강조한 것은 멈출 줄 모르고 질주하는 인간의 탐욕을 간파했기 때문이 아닐까.

68장

천도에 부합하는 길

善爲士者不武, 善戰者不怒, 善勝敵者不與, 善用人者爲之下.

선위사자불무, 선전자불노, 선승적자불여, 선용인자위지하.

是謂不爭之德, 是謂用人之力, 是謂配天古之極.

시위부쟁지덕, 시위용인지력, 시위배천고지극.

훌륭한 무사는 무용을 앞세우지 않고, 전쟁을 잘하는 자는 성을 내지 않으며, 적을 잘 이기는 자는 적과 맞서 싸우지 않고, 사람을 잘 부리는 자는 그들을 위해 자신을 낮춘다. 이것이 다투지 않는 덕이라는 것이고, 이것이 사람을 부리는 힘이라는 것이며, 이것이 천도에 부합하는 자고 이래의 최고 준칙이다.

앞에서 '무武' 자는 그칠 '지止' 자와 창 '과戈' 자가 결합한 회의자 會意字라고 밝혔듯이, 무력 사용은 원래 방어를 위해서만 사용되는 것이 옳다. 그래서 훌륭한 무사는 함부로 칼을 빼지 않는다. 부득 이 전쟁을 하더라도 화를 내거나 감정을 개입시키지 않고, 싸우지 않고 이기는 방법을 모색해야 한다.

사람을 대할 때도 마찬가지다. 노자는 남의 주장을 꺾고 남을 제 압해서 지배하기보다 자기를 낮추고 섬기는 자세를 바람직하게 여겼다. 이것이 예부터 내려온 천도에 부합하는 준칙으로 남과 싸 우지 않는 "부쟁지덕不爭之德"이다. 그렇게 하는 세상에는 적이 없 을 것이다. 맹자도 어진 사람은 적이 없다는 "인자무적仁者無敵"을 말하지 않았던가.

69장

용병의 방법

用兵有言, 吾不敢爲主而爲客, 不敢進寸而退尺.

용병유언, 오불감위주이위객, 불감진촌이퇴척.

是謂行無行, 攘無臂, 扔無敵, 執無兵.

시위행무행, 양무비, 잉무적, 집무병.

禍莫大於輕敵, 輕敵幾喪吾寶. 故抗兵相加, 哀者勝矣.

화막대어경적, 경적기상오보. 고항병상가, 애자승이.

용병술에 다음과 같은 말이 있다. "나는 감히 나서서 주체가 되기보다는 객체가 되며, 과감하게 한 치를 전진하기보다는 한 자를 후퇴한다." 이를 일러 진용을 갖춰 싸우려고 하나 펼쳐진 진용이 없고, 팔을 걷어붙이고 겨루려 하나 부딪칠 팔뚝이 없고, 싸우려 하나 물리칠 적이 없으며, 잡으려 하나 병장기가 없는 것이라 한다. 화는 적을 가벼이 여기는 것만큼 큰 것이 없다. 적을 가벼이 여기면 내 보배인 생명을 잃게 된다. 그러므로 병장기를 들고 서로 싸울 때는 자애로운 자가 이긴다.

평화주의자인 노자는 전쟁을 반대했다. 그래서 무력을 사용하거나 화를 내어 적을 싸워 이기려 하지 않고 가능하면 전쟁을 벌이지 않아야 한다고 하였다. 그러나 무도한 자들이 쳐들어와 인민을 살육하고 먹고사는 땅을 빼앗으려 할 때는 어쩔 수 없이 방어전을 펼칠 수밖에 없는 사정을 인정했다.

그러나 불가피하게 전쟁을 하더라도 적을 선제적으로 공격하지 말고 인명 피해를 최소한으로 줄일 수 있는 자애로운 마음을 견지해야 한다. 수세전을 펼치면서 적을 결코 가볍게 여기지 말아야 한다는 것이다. 명분이 있고, 인화단결하는 것이 지리적 요충지를 선점하거나 무작정 공격하는 것보다 훨씬 고차원적인 전략이며 슬기로운 병법이다.

70장

말의 종지와 일의 근본

吾言甚易知, 甚易行, 天下莫能知, 莫能行.
오언심이지, 심이행, 천하막능지, 막능행.

言有宗, 事有君, 夫唯無知, 是以不我知.
언유종, 사유군, 부유무지, 시이불아지.

知我者希, 則我者貴. 是以聖人被褐而懷玉.
지아자희, 칙아자귀. 시이성인피갈이회옥.

내 말은 매우 알기 쉽고 행하기 쉬우나, 세상 사람들이 그것을 능히 알지 못하고 행하지 못한다. 말에는 종지가 있고 일에는 근거가 있는데, 다만 그것을 알지 못하여 그런 까닭에 나를 이해하지 못한다. 나를 아는 자가 드무니 나를 본받는 자가 적다. 이래서 성인은 갈옷을 걸친 채 옥을 품고 있는 것이다.

지혜 중의 으뜸은 사람을 알아보는 것이다. 사람의 됨됨이는 행동의 동기와 실제 행위 그리고 무엇을 지향하는가를 보면 알 수 있다. 그 사람이 하는 말의 뜻을 바로 인식하고 그 사람이 하는 말과 행동이 일치하는가가 평가의 척도이다.

노자가 반언反言과 역설逆說을 사용하고 시적 비유를 즐겨 쓰기에 금방 이해가 되지 않고 많은 상상력을 요구하는 게 사실이다. 그러나 노자가 하는 말의 종지宗旨를 파악하면 그리 어려운 것도 아니다. 노자 사상의 핵심인 비움, 낮춤, 부드러움, 질박함, 조용하고 평화로움을 이해하면 그리 어렵지 않다.

노자의 말은 겉으로는 소박하고 어리숙하게 보이지만 곰곰이 생각해 보면 그 안에 깊은 보옥 같은 지혜가 담겨 있음을 알 수 있다.

71장

문제를 앎

知不知, 上, 不知知, 病. 夫唯病病, 是以不病. 聖人不病, 以其病病, 是以
不病.

지부지. 상. 부지지. 병. 부유병병. 시이불병. 성인불병. 이기병병. 시이
불병.

자기가 모른다는 것을 아는 것이 최상最上이고, 모르면서 안다고 하는
것이 병病이다. 다만 병을 병으로 알면 이로써 병을 앓지 않는다. 성인
은 이런 병을 앓지 않는데, 그 병을 병으로 알기 때문이다. 그래서 병을
앓지 않는 것이다.

정말 문제는 무엇이 문제인지 모르는 것이다. 그래서 노자는 모르는 것을 아는 것이 으뜸이라고 한 것이다. 공자도 "아는 것을 안다고 하고 모르는 것을 모른다고 하는 것이 참으로 아는 것이다知之爲知之, 不知爲不之, 是知也."라고 말한 바 있다.

자신의 현재 모습을 살펴 그 한계와 문제점을 알려면 어떻게 해야 할까? 거울에 자기를 비춰 보는 수밖에 없지 않을까? 유리 거울에 자기 모습을 비추어서 티 묻은 얼굴과 헝클어진 옷매무새를 바로잡고, 큰 바위 같은 성인과 현인들 앞에서 자기를 성찰하고, 역사의 거울에 현재 상황을 투영하여 우리가 갈 길을 물어봐야 하지 않을까.

72장

백성을 억압하지 않으면

民不畏威, 則大威至. 無狎其所居, 無厭其所生. 夫唯不厭, 是以不厭.
민불외위, 즉대위지. 무압기소거, 무염기소생. 부유불염, 시이불염.

是以聖人自知不自見, 自愛不自貴. 故去彼取此.
시이성인자지부자현, 자애부자귀. 고거피취차.

백성들이 권위를 두려워하지 않으면 진실로 큰 위엄이 이를 것이다. 그들의 거처를 핍박하지 말 것이며, 그들의 삶을 압박하지 말아라. 압박하지 않으면 싫어하지 않을 것이다. 이런 이치로 성인은 자신을 알지만 자신을 드러내지 않으며, 자신을 아끼지만 자신을 존귀하게 만들지 않는다. 그러므로 저것을 버리고 이것을 취한다.

앞서 17장에서 살펴본 것처럼 노자가 생각하는 멋진 지도자는 백성들이 그 지도자가 있는지 없는지를 의식하지 못할 정도로 공기처럼 자연스럽게 하나가 되는 지도자이다. 그런 지도자는 백성을 공권력으로 협박하거나 행정력으로 강제하지 않고, 스스로를 잘났다고 뻐기거나 존귀한 위치에 두지 않는다. 늘 자중자애自重自愛하며, 내성외왕(內聖外王: 안으로는 성인이 되기 위해 성찰하고 밖으로는 덕으로 다스림)의 정치를 꿈꾼다.

73장

하늘의 그물코

勇於敢則殺, 勇於不敢則活. 此兩者, 或利或害. 天之所惡, 孰知其故?

용어감즉살, 용어불감즉활. 차양자, 혹리혹해. 천지소오, 숙지기고?

是以聖人猶難之. 天之道, 不爭而善勝, 不言而善應, 不召而自來, 繟然

而善謀.

시이성인유난지. 천지도, 부쟁이선승, 불언이선응, 불소이자래, 단연

이선모.

天網恢恢, 疏而不失.

천망회회, 소이불실.

과감하게 하는 용기가 있으면 죽고, 과감하게 하지 않는 용기가 있으면
산다. 이 두 가지에서 어떤 것은 이롭고 어떤 것은 해롭다. 하늘이 싫어
하는 것에 대하여 누가 그 까닭을 알겠는가? 그래서 성인은 오히려 어
렵게 여긴다. 하늘의 도는 다투지 않고도 잘 이기고, 말하지 않고도 잘
응하며, 부르지 않아도 저절로 오고, 느슨하면서도 잘 도모한다. 하늘의
그물은 넓고 넓어 성기어도 빠뜨리는 것이 없다.

《주역》에서는 선한 행동을 하면 복을 받고 악한 행동을 하면 재앙을 맞게 된다고 했지만, 오늘날의 현실은 꼭 그렇지는 않은 것 같다. 정의의 여신이 법원 앞에서 균형의 저울을 들고 서 있어도, 검사와 판사와 전관 변호사로 짜여 있는 법조 카르텔은 이해관계로 얽혀 있거나 가까운 사람은 불기소와 불구속 판결로 봐 주고, 괘씸죄에 걸려 미운털이 박힌 사람은 먼지떨이와 기우제식 수사, 무리한 기소로 납득할 수 없는 판결을 내려 패가망신하게 만든다.

노자는 무리한 용기를 부리면 죽고, 억지를 부리지 않으면 산다는 자연의 일반 이치를 말하면서도, 하늘의 뜻은 알기 어렵다고 한다. 그런데 멀리 보면 하늘의 도는 잘 보이지 않아 없는 것 같으면서도 있고, 사람의 선악을 잘 판단하고 역사의 진실을 잘 드러낸다. 성긴 것 같지만 결코 놓치는 법이 없다.

"역사 속에서 배운 진리가 있다면 그것은 '모든 결과는 긴 호흡으로 바라봐야 한다'는 점입니다. 역사 속에서는 인생의 패배자가 역사의 승리자가 되거나, 거꾸로 인생의 승리자가 역사의 패배자가 되는 사례가 얼마든지 있습니다. 한 사람의 일생에서 항상 승리자이거나 패배자인 경우는 거의 없지요. 따라서 한 번의 승리에 오만할 이유도, 한 번의 패배에 좌절에 빠질 필요도 없는 것입니다."

(주진오, 《주진오의 한국현재사》, 추수밭, 2021)

74장

살생을 피하고

民不畏死, 奈何以死懼之! 若使民常畏死, 而爲奇者, 吾得執而殺之, 孰敢?

민불외사, 내하이사구지! 약사민상외사, 이위기자, 오득집이살지, 숙감?

常有司殺者殺, 夫代司殺者殺, 是謂代大匠斲. 夫代大匠斲者, 希有不傷其手矣.

상유사살자살, 부대사살자살, 시위대대장착. 부대대장착자, 희유불상기수의.

백성이 죽는 것을 겁내지 않는데 어떻게 죽인다는 것으로 그들을 겁줄 수 있겠는가! 백성으로 하여금 죽음을 두려워하게 하고 나서 나쁜 짓을 하는 자를 잡아다가 죽이면 누가 감히 그런 짓을 하겠는가? 항상 죽이는 일을 맡은 자가 죽이는 법이니, 무릇 죽이는 일을 맡은 자를 대신해서 죽이는 것을 일컬어 큰 목수 대신 나무를 벤다고 한다. 큰 목수를 대신해서 베는 자는 손을 다치지 않는 경우가 거의 없다.

정치를 하면서 사람을 죽이거나 고문과 감금 등의 잔인한 방법을 취하는 것은 최하수로 반인륜적인 것이다. 이렇게 살상과 같은 폭력적 방법을 쓰는 것은 쿠데타나 반란 같은 불법적 방법으로 권력을 잡은 지배자들이 쓰는 최악의 권력 유지책이다.

사람의 생명은 하늘이 준 것인데, 이 귀한 생명을 세속의 권력자들이 함부로 해치는 것은 천도를 어기는 것이다. 반드시 인과응보因果應報로 값비싼 대가를 치르게 되어 있다. 멀리 갈 것도 없이 최근의 현대사를 보아도 노자의 예측이 옳음을 확인할 수 있다.

75장

탐욕을 경계해야

民之饑, 以其上食稅之多. 是以饑. 民之難治, 以其上之有爲. 是以難治.
민지기, 이기상식세지다. 시이기. 민지난치, 이기상지유위. 시이난치.

民之輕死, 以其上求生之厚. 是以輕死. 夫唯無以生爲者, 是賢於貴生.
민지경사, 이기상구생지후. 시이경사. 부유무이생위자, 시현어귀생.

백성이 굶주리는 것은 위에서 세금을 많이 거두기 때문이다. 그래서 굶
주리는 것이다. 백성을 다스리기 어려운 것은 위에서 유위有爲적 방법
으로 다스리기 때문이다. 그래서 다스리기 어려운 것이다. 백성이 죽음
을 가벼이 여기는 것은 위에서 잘살려고 하기 때문이다. 그래서 죽음을
가벼이 여기는 것이다. 대저 잘살려고 하지 않는 것이 삶을 고귀하게 하
려는 것보다 낫다.

백성이 굶주리고 못사는 것은 지배계층이 방탕 사치하고 흉년에도 평년처럼 세금을 각박하게 거두기 때문이다. 봉건 시대에 왕과 귀족들의 부패와 학정은 백성들을 죽음으로 내몰았다. 맹자의 기록에 따르면 길에 굶어 죽은 시체가 즐비하였다고 한다. 흉년을 넘어 사람이 죽어 나가는 살년殺年이 닥쳤는데도, 궁정에서는 호사스러운 잔치를 벌였다고 한다. 그러니 백성들이 '이런 날이 언제 망할까'라며 저주했다. 사는 것이나 죽는 것이나 별 차이가 없으니 죽음을 두려워하지 않은 것이다.

이런 현실을 직시한 공자는 "적은 것을 걱정할 게 아니라 고르게 분배되지 않은 것을 걱정하라不患寡, 患不均."고 하지 않았던가.

신자유주의를 외치는 요즘도 현실은 크게 달라지지 않았고, 소수의 슈퍼 리치super rich와 다수의 일하는 가난한 사람들working poor 사이의 극심한 양극화는 사회 문제가 되었다. 예나 지금이나 문제는 가난이라기보다 분배이다.

76장

부드럽고 강한 생명력

人之生也柔弱, 其死也堅強. 萬物草木之生也柔脆, 其死也枯槁.

인지생야유약, 기사야견강. 만물초목지생야유취, 기사야고고.

故堅強者死之徒, 柔弱者生之徒. 是以兵強則不勝, 木強則折.

고견강자사지도, 유약자생지도. 시이병강즉불승, 목강즉절.

強大處下, 柔弱處上.

강대처하, 유약처상.

사람이 살아 있으면 부드럽고 약하다가 죽으면 단단하고 강해진다. 만물 초목은 살아 있으면 부드럽고 연하다가 죽으면 말라서 딱딱해진다. 그러므로 단단하고 강한 것은 죽음의 무리요, 부드럽고 약한 것은 삶의 무리다. 이런 까닭에 군대가 강하면 이기지 못하고 나무가 강하면 꺾인다. 강하고 큰 것은 아래에 위치하고 부드럽고 약한 것은 위에 위치한다.

살아 있는 생명은 부드럽고 따스하다. 생명이 죽으면 굳어지고 차갑다. 어린나무는 약하지만 유연하고 생동감이 넘친다. 죽은 나무는 물기가 없어 딱딱하고 뻣뻣하다. 겉으로 강한 군대는 속으로는 약하며, 딱딱한 나무가 오히려 쉽게 꺾인다.

　유가에서 "자기가 하고 싶지 않은 일을 남에게 시키지 말라."는 것을 구체적 내용으로 하는 '인仁'이나 '서恕'는 어디까지나 사람을 중심에 둔 인본주의적 사랑을 말하는 것임에 비해, 도가에서 말하는 '자慈'의 대상은 살아 있는 모든 생물과 천하 만물로 확장되어 있다. 장자는 "살아 있는 것은 덕의 빛生者, 德之光也"이라고 하여, 생명 자체가 숭고하고 아름답다고 생각하였다.

　이처럼 도가道家에서는 생명을 귀중하게 여기기 때문에 인명을 살상하고 자연을 황폐하게 만드는 전쟁을 반대한다. 노자는 군대는 쓸데없는 것이라고 하면서, 천하에 도가 있으면 말이 농사짓는 데 쓰이지만, 천하에 도가 타락하면 말이 싸움터에서 새끼를 낳는 비극이 벌어진다고 했다.

도가의 생명 사상은 세 가지로 요약할 수 있다.

첫째, 도가 사상은 생명을 신성한 것으로 인식하고, 천지의 지령 至靈이 인류뿐만 아니라 이 우주에 살고 있는 짐승과 새와 곤충에게까지 두루 퍼져 있으며, 모든 생명이 대자연의 걸작이라고 여긴다. 둘째, 생명 공동체는 상호 의존하고 있다고 본다. 인간을 비롯한 모든 생물체는 서로 의지하며 하늘과 땅속에 살고 있으며, 이 거대한 우주 자연의 변화와 생성 가운데 서로 공존하는 생명 공동체라는 것이다. 셋째, 도가에서는 인간의 주체성을 인정하면서도 과도한 인간중심주의를 부정하며, 지구상의 모든 생명체는 스스로 생존하고 발전할 권리가 있다고 생각한다.

도가에서는 이렇게 사람뿐만 아니라 다른 생물체의 생명도 소중하며, 이 우주 안에서 서로 어울려 존재한다고 생각한다. 인류는 한 동포이며, 만물은 나의 이웃이라는 것이다.

77장

하늘의 도와 인간의 도

天之道, 其猶張弓與! 高者抑之, 下者擧之, 有餘者損之, 不足者補之.
천지도, 기유장궁여! 고자억지, 하자거지, 유여자손지, 부족자보지.

天之道, 損有餘而補不足. 人之道, 則不然, 損不足以奉有餘.
천지도, 손유여이보부족. 인지도, 즉불연, 손부족이봉유여.

孰能有餘以奉天下? 唯有道者. 是以聖人爲而不恃, 功成而不處, 其不
欲見賢.
숙능유여이봉천하? 유유도자. 시이성인위이불시, 공성이불처, 기불
욕현현.

하늘의 도道는 마치 활을 당기는 것과 같구나. 높은 데는 누르고 낮은
데는 들어 올리고 남은 것은 덜고 모자라는 것은 채운다. 하늘의 도는
남은 것을 덜어 모자라는 것을 채운다. 사람의 도는 그렇지 않아서 모자
라는 것을 덜어서 여유 있는 쪽을 떠받든다. 누가 능히 남는 것으로써
천하를 받들 것인가? 다만 도가 있는 자라야 그럴 수 있다. 이런 까닭에
성인은 일을 하고 기대하지 않으며 공을 이루고 그 자리에 있지 않는다.
그것은 자신의 나은 점을 보이고 싶어하지 않기 때문이다.

하늘의 도는 균형을 잘 잡는다. 그래서 높은 것은 누르고 낮은 것은 들어 올리고 강한 것은 덜어 내고 약한 것은 보태 주고, 남는 것을 덜어 모자라는 것을 채워 준다. 그런데 인간 세상의 모습은 그렇지 않다. 부자는 더욱 부자가 되고 가난한 이는 더욱 가난해진다.

이런 불균형과 불평등을 누가 고르고 바르게 할 수 있을까. 노자는 도를 지닌 자만이 천하의 공공성을 위할 수 있다고 한다. 도가 있는 사람은 이렇게 일을 하면서도 자랑하지 아니하고 공을 세우고서도 자랑하지 않는다.

감산 선사는 "도가 성숙하면 부드러워지고 덕이 성숙하면 겸손해진다道盛柔, 德盛謙."라고 하였다.

78장

부드럽고 약함의 위대함

天下莫柔弱於水, 而功堅强者莫之能勝, 以其無以易之.
천하막유약어수, 이공견강자막지능승, 이기무이역지.

弱之勝强, 柔之勝剛, 天下莫不知, 莫能行.
약지승강, 유지승강, 천하막부지, 막능행.

是以聖人云, 受國之垢, 是謂社稷主, 受國不祥, 是謂天下王. 正言若反.
시이성인운, 수국지구, 시위사직주, 수국불상, 시위천하왕. 정언약반.

세상에 물보다 더 부드럽고 약한 게 없지만, 단단하고 강한 것을 치는 데는 물을 이길 만한 것이 없다. 무엇으로도 물의 성질을 바꿔 놓을 수 없기 때문이다. 약한 것이 강한 것을 이기고 부드러운 것이 단단한 것을 이긴다는 사실을 천하에 모르는 사람이 없지만, 능히 그대로 하지는 못한다. 이런 까닭에 성인이 말하기를, 나라의 허물을 받아들이는 사람을 일러 사직社稷의 주인이라 하고 나라의 상서롭지 못한 일을 받아들이는 사람을 일러 천하의 왕이라 하는 것이다. 바른말은 거꾸로 하는 말처럼 들린다.

천하에 물보다 부드러운 것이 어디 있을까. 그러나 뜨거운 불을 끄는 것은 물이고, 바위나 제방을 무너뜨리는 것도 물이다. 그 유순함으로 뜨겁고 단단한 것들을 이긴다. 진정한 강함은 부드러움이다. 자신이 있으면 여유 있고 부드럽지만, 실력이 없으면 몸이 딱딱하게 굳고 목소리가 커진다. 자기 목소리를 낮추면 세상의 소리가 잘 들리고, 부드러운 혀가 딱딱한 치아보다 오래간다.

백성들의 잘못을 모두 자기의 잘못으로 받아들이며 무한 책임을 지는 사람이 사직의 주인이고, 세상의 힘들고 궂은일을 도맡아 하는 겸손한 사람이 진정한 지도자가 될 수 있는 것이다.

79장

덕의 너그러움

和大怨, 必有餘怨, 安可以爲善? 是以聖人執左契, 而不責於人.

화대원, 필유여원, 안가이위선? 시이성인집좌계, 이불책어인.

有德司契, 無德司徹. 天道無親, 常與善人.

유덕사계, 무덕사철. 천도무친, 상여선인.

큰 원망을 풀어 준다 해도 찌꺼기 원망이 남아 있으니 어찌 선이 될 수
있겠는가? 이런 까닭에 성인은 빚문서를 지니고 있으면서 독촉을 하지
않는다. 덕이 있는 사람은 문서를 맡고 있지만, 덕이 없는 사람은 어떻
게든지 빚을 받아 낸다. 하늘의 도는 누구와 특별히 친하지 않으며 언제
나 착한 사람과 함께한다.

원한은 원한으로 풀리지 않는다. 덕으로 원한을 갚더라도 여전히 과거의 앙금이 조금은 남게 된다. 그러므로 처음부터 아예 원한을 맺지 않는 것이 상책이다.

큰 덕을 지닌 사람은 남을 각박하게 대하지 않고 너그럽고 온유하다. 그래서 자기에게 많은 권한이 있더라도 행사하지 않고 공공의 이익과 세상의 평화를 위해 베푼다.

그래서 천도를 지닌 사람은 누구와 특별히 가깝게 지내지 않고 오직 선한 사람과 함께할 뿐이다. 공자가 "나는 누구와 특별히 친하거나 나란히 하지 않고 오지 의義와 함께할 뿐이다無親無比, 義之與比."라고 하였다면, 노자는 '오직 도와 함께한다道之與比'라고 생각했을 것이다.

80장

노자가 꿈꾸는 세상

小國寡民. 使有什佰之器而不用, 使民重死而不遠徙.

소국과민. 사유십백지기이불용, 사민중사이불원사.

雖有舟輿, 無所乘之, 雖有甲兵, 無所陳之. 使民復結繩而用之.

수유주여, 무소승지, 수유갑병, 무소진지. 사민복결승이용지.

甘其食, 美其服, 安其居, 樂其俗.

감기식, 미기복, 안기거, 낙기속.

鄰國相望, 鷄犬之聲相聞, 民至老死, 不相往來.

인국상망, 계견지성상문, 민지로사, 불상왕래.

나라를 작게 하고 백성의 수를 적게 하라. 많은 도구가 있더라도 쓸 일이 없게 하고, 백성으로 하여금 죽음을 중히 생각하여 멀리 가지 않도록 하라. 배와 수레가 있더라도 탈 일이 없고, 갑옷 입은 군대가 있더라도 진을 벌일 일이 없다. 백성으로 하여금 결승문자를 회복하여 쓰게 한다. 그 음식을 달게 먹으며 그 옷을 아름답게 입으며 그 거처하는 곳을 평안하게 여기며 그 풍속을 즐기게 한다. 이웃 나라가 서로 바라보고 닭과 개 울음소리가 서로 들리지만 백성은 늙어서 죽도록 서로 왕래하지 않게 한다.

노자가 꿈꾼 세상의 모습은 어떠했을까? 한마디로 나라 규모는 작고 백성 수는 적은 '소국과민小國寡民'의 소규모 공동체라고 할 수 있다. 노자는 '작은 것이 아름답다Small is beautiful'는 세계관을 가졌던 것 같다. 수레와 배 같은 문명의 편리한 도구를 사용하거나 강한 군대를 육성하지 않고 결승문자 수준의 소박한 삶을 지향했다.

건강을 유지하기 위해 일한 뒤에 밥을 달게 먹고, 추위를 견디기 위한 알맞은 옷을 입고, 비바람을 막아 줄 수 있을 정도의 편안한 거처가 있으면 족하다고 보았다. 거기에다 사시사철에 맞는 풍속과 노래가 있으면 더욱 좋겠다고 생각한 것 같다.

나라 규모가 크지 않으니 닭 우는 소리와 개 짖는 소리가 들리고, 이웃 나라의 사정을 서로 살펴볼 수 있을 것이다. 굳이 먼 여행이나 교역을 하지 않아도 불편하지 않고, 죽을 때까지 자급자족하면서 사는 그런 평화로운 나라가 노자가 꿈꾼 이상향이지 않았을까. 거대도시가 형성되고 부국강병의 선진국을 기획하며, 대량 생산, 대량 유통, 대량 소비 체제에 길들여진 오늘날 자본주의 모습과는 전혀 다른 순박한 공동체 말이다.

탄소 배출과 공기 오염으로 인한 기후 위기와 해수면 상승, 무분별한 개발로 인한 자연과 환경 훼손의 시대에 코로나19 팬데믹까지 겪으면서 과연 지구의 미래가 있을까를 걱정하다 보니 노자의 이상향이 그리워진다.

81장

성인의 도는 다투지 않아

信言不美, 美言不信. 善者不辯, 辯者不善. 知者不博, 博者不知.
신언불미, 미언불신. 선자불변, 변자불선. 지자불박, 박자부지.

聖人不積, 旣以爲人, 己愈有, 旣以與人, 己愈多.
성인부적, 기이위인, 기유유, 기이여인, 기유다.

天之道, 利而不害, 聖人之道, 爲而不爭.
천지도, 이이불해, 성인지도, 위이부쟁.

미더운 말은 아름답게 꾸미지 않고, 아름답게 치장한 말은 미덥지 않다. 착한 사람은 말을 잘하지 않고, 말을 잘하는 사람은 착하지 않다. 아는 자는 넓지 않고, 넓은 자는 알지 못한다. 성인은 쌓아 두지 않고 남을 위하지만 자기는 더욱 있게 되고, 있는 것으로 남에게 내어주되 자기는 더욱 많아진다. 하늘의 도는 이롭게 해 주면서 해를 끼치지 않고, 성인의 도는 일을 하면서도 다투지 않는다.

진실을 담은 말은 소박하고, 잘못이 있는 사람은 말을 자꾸 꾸민다. 선한 사람은 실천을 중시하고 말을 많이 하지 않는다. 참으로 지혜로운 사람은 박학다식을 자랑하지 아니하고, 모르는 것이 없는 것처럼 많이 떠드는 사람은 지혜로운 사람이 아니다.

　성인은 하늘의 도를 따르는 사람이라 불필요하게 쌓아 두지 않고 남에게 베풀기를 잘한다. 남을 이롭게 해 줄지언정 결코 해를 끼치지 아니한다. 이렇게 베풀고 나눌수록 더욱 풍요로워지는 게 도이다.

　하상공은 "성인부적聖人不積"을 "성인은 덕이 있으면 어리석은 사람을 가르치고, 재물이 있으면 가난한 사람에게 나눠 준다有德以敎愚, 有財以與貧也."라고 풀이했다(《노자도덕경하상공장구》'현질顯質').

　성인의 도는 일을 하면서 남과 다투지 아니한다. 남과 다투지 않으니 마음이 늘 한가하고, 이기적인 욕망과 사심私心을 버리고 천하의 평화와 공공의 이익을 위하면 꿈자리도 편안하다.

한국

- 김광하, 《노자도덕경》, 너울북, 2005.
- 김용옥, 《노자와 21세기》, 통나무, 1999.
- 김용옥, 《노자가 옳았다》, 통나무, 2020.
- 김충열, 《김충열 교수의 노자강의》, 예문서원, 2004.
- 김하풍, 《노자 도덕경》, 문예출판사, 2003.
- 김학주, 《노자》, 을유문화사, 2000.
- 김학주, 《노자》, 연암서가, 2011.
- 류영모, 《노자와 다석》, 교양인, 2013.
- 송항룡, 《노자를 이렇게 읽었다》, 사람의무늬, 2012.
- 안성재, 《노자의 재구성》, 어문학사, 2012.
- 오강남, 《도덕경》, 현암사, 1995.
- 이강수, 《노자와 장자》, 길, 1997.
- 이기동, 《노자》, 동인서원, 2014.
- 이석명, 《노자도덕경하상공장구》, 소명출판, 2005.
- 이석명, 《노자》, 민음사, 2020.
- 장일순, 《노자 이야기》, 다산글방, 1993.
- 최진석, 《노자의 목소리로 듣는 도덕경》, 소나무, 2001.

중국

• 憨山, 오진탁 역, 《감산의 노자 풀이》, 서광사, 1990.

• 梁芳雄, 《楚簡老子》, 예경, 2003,

• 야오간밍, 손성하 역, 《노자강의(老子講義)》, 김영사, 2010.

• 朱謙之, 《老子校釋》, 中華書局, 1996.

• 陳鼓應, 《老子註譯及評介》, 中華書局, 1999.(개정증보판, 2009)

• 陳永栽, 《老子章句解釋》, 上海古籍出版社, 2001.

• 韓非子, 《解老 喩老 韓非子集》, 中華書局, 1998.

• 許抗生, 《老子評傳》, 水牛出版社, 1980.

• 《老子道德經河上公章句》, 中華書局, 1997.(이석명 역, 소명출판, 2005)

• 《王弼集校釋》, 中華書局, 1999.

• 《Laozi》, Hunan People's Publishing House, 1999.

일본

• 大村益夫, 《老子 列子》, 德間書店, 1996.

• 大濱皓, 임헌규 역, 《老子哲學》, 청계, 1999.

• 福永光司, 《老子》, 朝日新聞社, 2002.

생태 위기 시대에 노자 읽기

김영 지음

초판 1쇄 발행·2022. 3. 25.
초판 2쇄 발행·2022. 4. 25.

발행인·이상용
발행처·청아출판사
출판등록·1979. 11. 13. 제9 - 84호
주소·경기도 파주시 회동길 363-15
대표전화·031 - 955 - 6031
팩시밀리·031 - 955 - 6036
E - mail·chungabook@naver.com

ISBN 978-89-368-1201-0   03100

샛숲의 사계절